精品课程配套教材

21世纪应用型人才培养规划教材

“双创”型人才培养优秀教材

配送管理项目化教程

主　编　祝井亮　靖麦玲

副主编　周艳红　赵海珊　黄友文

吴忠和　杨远新　廖丽琴

沈易娟

PEISONG GUANLI XIANGMUHUA JIAOCHENG

东北大学出版社

Northeastern University Press

图书在版编目（CIP）数据

配送管理项目化教程 / 祝井亮，靖麦玲主编. -- 沈阳：东北大学出版社，2015. 1（2021. 1 重印）
21 世纪应用型人才培养规划教材
ISBN 978-7-5517-0892-0

Ⅰ. ①配… Ⅱ. ①祝… ②靖… Ⅲ. ①物流配送中心-企业管理-高等学校-教材 Ⅳ. ①F253

中国版本图书馆 CIP 数据核字（2015）第 019610 号

出 版 者：东北大学出版社
地　址：沈阳市和平区文化街三号巷 11 号
邮　编：110819
电话：024-83680267（社务室）　83687331（营销部）
传真：024-83687332（总编室）　83680180（营销部）
网　址：http：//www. neupress. com
E-mail：neuph@ neupress. com
印 刷 者：北京俊林印刷有限公司
发 行 者：东北大学出版社
幅面尺寸：185mm×260mm
印　　张：14. 5
字　　数：324 千字
印　　次：2021 年 1 月第 2 次印刷
策划编辑：孙　锋
责任校对：刘乃义
封面设计：尤岛设计
责任出版：唐敏志

ISBN 978-7-5517-0892-0　　定价：39. 50 元

精品课程配套教材 “双创”型人才培养优秀教材 编写委员会

前　言

本书是基于配送管理实际开发的项目式创新教材，以具体的学习目标为驱动，实现理论与实践的渗透和融合；以学生为中心，践行“学、教、做”一体化的教学模式，注重对学生发现问题、分析问题和解决问题的能力培养；以全面提高学生职业能力为目标，强化技能训练，突出实用性、技能性。本书通过对真实配送活动的提炼设计学习内容，进而培养学生配送作业及综合管理能力，满足社会对技术技能型配送人才的需要。

本书根据岗位能力的需要进行编排，以项目为主线，以任务为支撑，构建配送管理的知识学习内容和技能训练内容。全书分为配送和配送中心认知、订单管理、拣货管理、流通加工管理、补货及退货管理、配载及送货管理、配送成本控制盒绩效评价等 7 个项目，每个项目中都配套编写了学习目标、工作情景、任务描述、复习思考、课外拓展及总结提高，既方便学也方便教。每个任务模块都包含知识学习和技能训练两部分。其中，技能训练设有实训情景、实训目标、实训准备、工作步骤和实训评价等内容。

本书由祝井亮和靖麦玲担任主编，周艳红、赵海珊、黄友文、吴忠和、杨远新、廖丽琴和沈易娟担任副主编，具体编写分工如下：项目一至项目四由祝井亮和赵海珊编写；项目五和项目六由周艳红、黄友文、吴忠和、杨远新编写；项目七由靖麦玲、周艳红、廖丽琴和沈易娟编写；董维、曹平、纪良勇、范育金参与了编写；祝井亮负责全书的整体设计和最后统稿。

本书结构清晰、逻辑性强，是一本集理论知识与技能训练为一体的教材，符合物流行业发展用人需要，非常适合物流管理、电子商务、连锁经营、国际贸易等专业的学生选用；也可以作为从事物流职业的在职人员参加职业资格考试或工作实践的指导用书。

本书编写过程中得到了江苏省内一些企业的大力支持，他们给本书的创作提供了很多素材及宝贵意见；与此同时，我们也参考了大量的文献资料，利用了相关的一些网络资源，引用了国内外众多学者的研究成果和一些公司的案例资料。在此我们一并表示最诚挚的谢意。

配送在我国正处于快速发展中，配送管理的理论和方法的创新不断涌现，教育改革也是日新月异，所以书中不当之处在所难免，恳请广大读者批评指正。

编　者

目录 Contents

项目一　配送和配送中心认知

学习目标

【知识目标】

掌握配送的概念和配送的基本环节，掌握配送中心的配送流程和配送模式，掌握配送中心的概念，了解配送中心的类型，掌握配送中心的功能，了解配送中心的工作岗位和岗位职责。

【技能目标】

能够识别不同的配送类型，认识配送工作的基本环节；能够联系配送与配送中心的知识，对配送中心的基本工作过程进行概要讲解。

【职业能力目标】

培养学生良好的职业习惯，树立爱岗敬业的职业道德，培养学生对物流行业的认同感和兴趣。

工作情景

不莱梅物流中心采用的是德国海运和物流研究所一位教授提出的物流中心的建设方案，并获得不莱梅州政府的同意。经济促进公司由不莱梅州政府的经济部、交通部、海关、工商部等部门组成，是私营的事业单位。经济促进公司主要负责物流中心的“三通一平”以及与物流中心相联的公路、铁路的基础设施的建设工作，还代表不莱梅州政府负责物流中心的招商工作。招商使企业进入物流中心，进入物流中心的企业承担地面以上的建筑、设施的建设。经过“三通一平”的土地变卖或租用给进入物流中心的企业。不莱梅物流中心的组织形式与德国其他物流中心的组织形式不同，有很多地方值得我们借鉴。不莱梅物流中心现有52家物流企业，其中较大的企业有14家，由这些物流企业按资产组成物流中心股东大会，股东大会下设物流中心发展公司。发展公司共有3人，公司总经理由股东大会聘任，候选人一般是十来家大型物流企业的经理。其他人员由发展公司聘任。发展公司负责物流中心的对外联系及对外招商等，解决供电、供水、电话等共用资源问题，负责中心内的加油、车辆维修、洗车，并解决食堂等后勤工作。发展公司的费用一方面来自会费，会费按企业的人数来交，大企业一年最多交600马克；另一方面从加油、车辆维修、食堂的服务中获得一些盈利。发展公司不以盈利为主，另外再由州政府补贴一点。另外，物流中心还成立了监事会。监事会由企业和政府有关部门组成，由若干企业代表、交通部、经济部、经济促进公司、研究机构的代表、有关专家，监事会负责监督股东大会。

任务描述

对于初次接触配送的人，首先要从概念入手，对配送的概念、配送中心的概念和配送的工作流程有个初步的了解。其次要了解目前已经开展配送业务经营的企业类型，以及这个行业的经营状况和前景。配送作业最集中的企业就是配送中心，所以必须对配送中心进行了解。

下面，将分别对这些任务进行确认，并对任务的实施给予理论与实际操作的指导。

任务一　配送认知

一、配送的概念

所谓配送，就是按照用户的订货要求和配送计划，在物流据点（仓库、商店、货运站、物流中心等）进行分拣、加工和配货等作业后，将配好的货物送交收货人的过程。从货物的位移特点而言，配送多表现为短距离、多品种、小批量的货物位移，因而，也可以将配送理解为描述运输中某一指定部分的专用术语。配送作业也不等同于送货，它亦有别于单纯送货的时代特征。

配送是从物流据点到用户之间的一种特殊的送货形式，这种特殊形式表现在：配送的主体是专门经营物流的企业；配送是中转环节的送货，与通常的直达运输有所不同。配送连接了物流其他功能的物流服务形式。在配送（分拣、加工、配货、送货）中所包含的那种部分运输（送货）作业在整个运送的过程中处于“二次运送”“终端运送”的地位。配送体现了配货与送货过程的有机结合，因而极大地方便了用户；体现了较高的物流服务水准，即完全按用户对货物种类、品种、数量、时间等方面的要求而进行运送作业。

实例

配送的定义

（《物流中心作业通用规范》CB/T 22126－2008）

在经济合理区域范围内，根据用户要求，对物品进行拣选、加工、包装、分割、组配等作业，并按时送达指定地点的物流活动。

配送是复杂的作业体系，它通常伴随较高的作业成本。配送成本较高，因此，为了实现提高物流服务质量同时又降低配送成本的目标，提高配送作业设计等组织管理水平就显得十分重要。在配送中心大量采用各种传输设备、分拣设备，可以实现一些环节的专业分拣或流水作业方式，降低有关成本的费用。配送在固定设施、移动设备、专用工具组织形式等方面都可以形成系统化的运作体系。

应用小案例

沃尔玛成功的利器——物流配送

沃尔玛公司是世界上最大的商业零售企业，1999 年全球销售总额达到 1650 亿美元，在世界五百强中排名第二，仅次于美国通用汽车公司。2000 年销售总额达到 1913 亿美元，超过了美国通用汽车公司。

一家属于传统产业的零售企业，如何能在销售收入上超过“制造之王”的汽车工业，超过世界所有的银行、保险公司等金融机构，超过引领“新经济”的信息企业，已成为各方关注的焦点。

沃尔玛前任总裁大卫·格拉斯这样总结：“配送设施是沃尔玛成功的关键之一，如果说我们有什么比别人干得好的话，那就是配送中心。”

沃尔玛公司于 1962 年成立了第一个连锁商店。随着连锁店铺数量的增加和销售额的增长，物流配送逐渐成为企业发展的“瓶颈”。1970 年，沃尔玛在公司总部所在地（阿肯色州的本顿维尔）建立起第一间配送中心，集中处理公司所销商品的 40%。随着公司的不断发展壮大，配送中心的数量也不断增加。到现在，该公司已建立 62 个配送中心，为全球 4000 多家店铺提供配送服务。整个公司销售商品的 85%由这些配送中心供应，而其竞争对手只有约 50%～65%的商品集中配送。

如今，沃尔玛在美国拥有 100%的物流系统，配送中心已是其中一小部分。沃尔玛完整的物流系统不仅包括配送中心，还包括更为复杂的资料输入采购系统、自动补货系统等。

二、配送的类型

在不同的市场环境下，为适应不同的生产和消费需要，配送表现出多种形式。

这些配送形式各有优势，同时也有各自的适应条件。

1. 按配送服务的范围划分

按配送服务的范围划分示意图如图 1-1 所示。

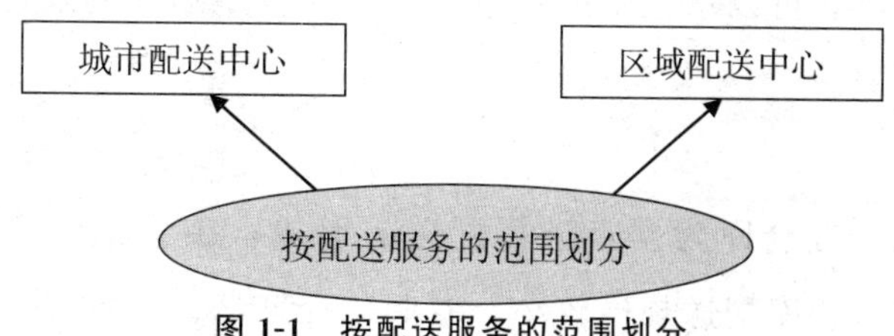

图 1-1　按配送服务的范围划分

（1）城市物流配送

城市物流配送是指向城市范围内的众多用户提供服务的配送。其辐射距离较短，多使用载货汽车配送，机动性强，供应快，调度灵活，能实现少批量、多批次、多用户的“门到门”配送。

（2）区域物流配送

区域物流配送是一种辐射能力较强，活动范围较大，可以跨市、省的物流配送活动。它具有以下特征：经营规模较大，设施齐全，活动能力强；货物批量较大而批次较少；区域配送中心是配送网络或配送体系的支柱。

2. 按配送主体不同划分

按配送主体的不同划分示意图如图 1-2 所示。

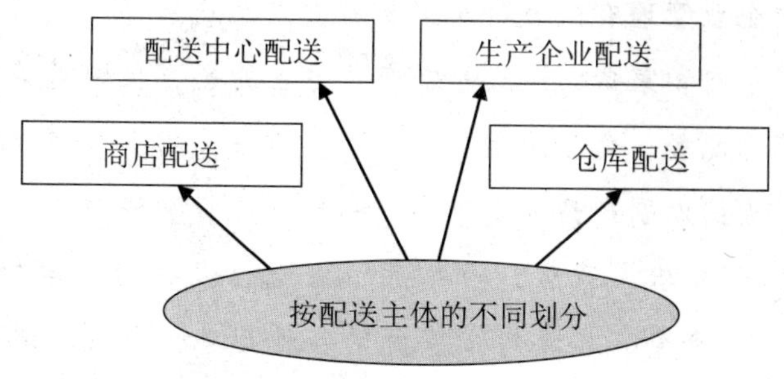

图 1-2　按配送主体的不同划分

（1）配送中心配送

配送中心配送指配送的组织者是专职从事配送业务的配送中心。配送中心配送的数量大、品种多、半径大、能力强，可以承担企业生产用主要物资的配送及向商店补充性配送等。它是配送的主体形式，但由于需要大规模的配套设施，投资较大，且一旦建成则机动性较差，因此也有一定的局限性。

（2）商店配送

商店配送指配送的组织者是商业或物资经营网店，主要承担零售业务，规模一般不大，但经营品种齐全，容易组织配送。商店配送实力有限，但网点多，配送半径小，比较机动灵活，可以承担生产企业非主要生产用物资的配送，是配送中心配送的辅助及补充形式。

（3）仓库配送

仓库配送指以一般仓库为据点进行配送的形式，在仓库保持原有功能的前提下，增加配送功能。仓库配送规模较小，专业化程度低，但可以利用仓库的原有资源而不需大量投资，上马较快。

（4）生产企业配送

生产企业配送指配送的组织者是生产企业，尤其是进行多品种生产的企业，可以直接由企业配送，而无须再将产品发运到配送中心进行中转配送。由于避免了一次物流的中转，因此具有一定的优势，但无法像配送中心那样依靠产品凑整运输取得优势。

实例

生产企业配送

上海源甲餐饮企业管理有限公司是主要提供以配送蔬菜、水果、冻品、调料以及鲜猪肉、牛肉、羊肉和家禽、海鲜等农产品为主的全方位配送菜服务公司，是一家集送菜服务、营养配餐、食品购销及物流配送为一体的全新商业模式的企业。该公司位于上海市最大的农副产品批发市场，有丰富的货物资源，有专车和专业的配送团队。专业为各大饭店、酒店、西餐厅、酒吧、火锅店、学校、医院、会所、KTV娱乐场所、企业食堂、各大超市等提供各种蔬菜、水果、调料、冻品等农产品配送服务。

3. 按配送的时间及数量划分

按配送的时间及数量划分示意图如图 1-3 所示。

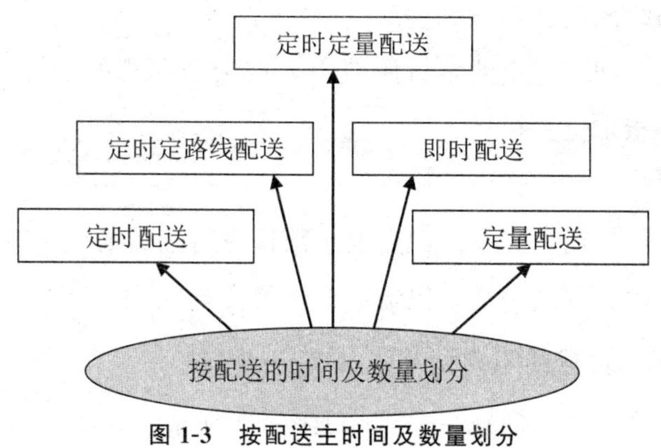

图 1-3　按配送主时间及数量划分

（1）定时配送

定时配送指按规定的时间或时间间隔进行配送。每次配送的品种及数量可按计划进行，也可在配送前由供需双方商定。定时配送有以下几种具体形式：

小时配：即接到配送订货要求 1 小时内将货物送达。适用于一般消费者突发的个性化配送需求，也经常用作应急的配送方式。

日配：即接到订货要求 24 小时之内将货物送达。日配是定时配送中较为广泛采用的方式，可使用户在实际需要的前半天得到送货服务的保障，基本上无须保持库存。

准时配送方式：即按照双方协议的时间，准时将货物配送到用户的一种方式。这种方式比日配方式更为精密，可实现零库存，适用于装配型、重复、大量生产的企业用户，往往是一对一的配送。

快递方式：是一种在较短时间内实现货物的送达，但不明确送达的具体时间的快速配送方式。一般而言，其覆盖地区较为广泛，服务承诺期限按不同地域会有所变化。快递配送面向整个社会的企业型和个人型用户，如美国的联邦快递、我国邮政系统的 EMS 快递都是运作得非常成功的快递配送企业。

（2）定量配送

定量配送即按事先协议规定的数量进行配送。这种方式的货物数量固定，备货工作有较强的计划性，容易管理。

（3）定时定量配送

定时定量配送即按规定的配送时间和配送数量进行配送，兼有定时、定量两种方式的优点，是一种精密的配送服务方式。

（4）定时定路线配送

定时定路线配送即在规定的运行路线上，按配送车辆的运行时间表进行配送，用户在指定时间到指定位置接货。

（5）即时配送

即时配送即完全按用户突发的配送要求随即进行配送的应急方式，是对各种配送服务的补充和完善，方式灵活，但配送成本很高。

4. 按配送品种和数量的不同划分

按配送品种和数量的不同划分示意图如图 1-4 所示。

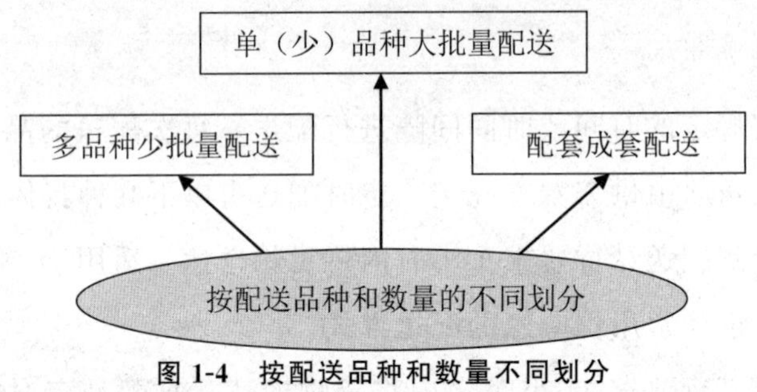

图 1-4　按配送品种和数量不同划分

（1）单（少）品种大批量配送

配送的商品品种少、批量大，不需与其他商品搭配即可使车辆满载。

（2）多品种少批量配送

按用户要求将所需各种物资配备齐全，凑整装车后由配送据点送达用户。

（3）配套成套配送

按生产企业的需要，将生产每台产品所需的全部零部件配齐，按生产节奏定时送到生产线装配产品。

5. 按配送企业业务关系划分

按配送企业的业务关系划分示意图如图 1-5 所示。

（1）综合配送

综合配送指配送商品的种类较多，在一个配送网点中组织不同专业领域的产品向用户配送的配送方式。

（2）专业配送

专业配送指按产品性质、形状的不同适当划分专业领域的配送方式。其重要优

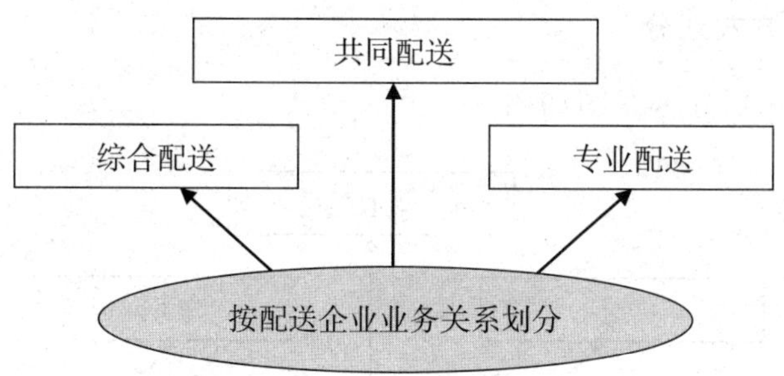

图 1-5　按配送企业业务关系划分

势在于可以根据专业的共同要求来优化配送设施，优选配送机械及配送车辆，制订适用性强的工艺流程等，从而提高配送各环节的工作效率。

（3）共同配送

共同配送是指为提高物流效率，由多个配送企业联合在一起共同进行的配送方式。

6. 按加工程度划分

按加工程度划分示意图如图 1-6 所示。

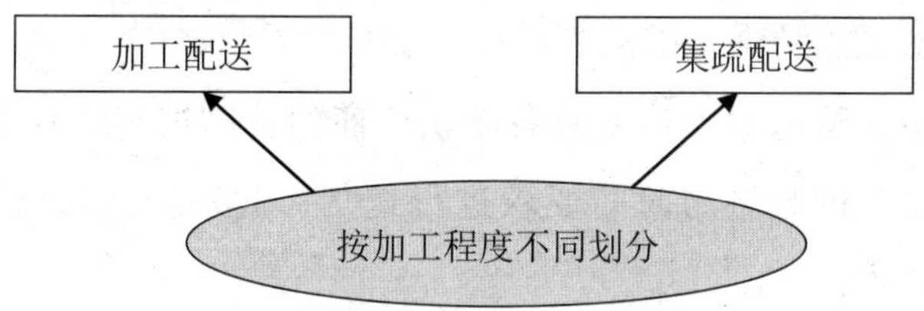

图 1-6　按加工程度范围划分

（1）加工配送

加工配送指在配送据点中设置流通加工环节，当社会上现成的产品不能满足用户需要或用户提出特殊的工艺要求时，可以经过加工后进行分拣、配货再送货到户。流通加工与配送的结合，可使流通加工更有针对性，可取得加工增值收益。

（2）集疏配送

集疏配送是只改变产品数量、组成形态而不改变产品本身的物理、化学形态，与干线运输相配合的一种配送方式。比如大批量进货后小批量、多批次发货，零星集货后以一定的批量送货等。

7. 按配送的方式划分

按配送的方式划分示意图如图 1-7 所示。

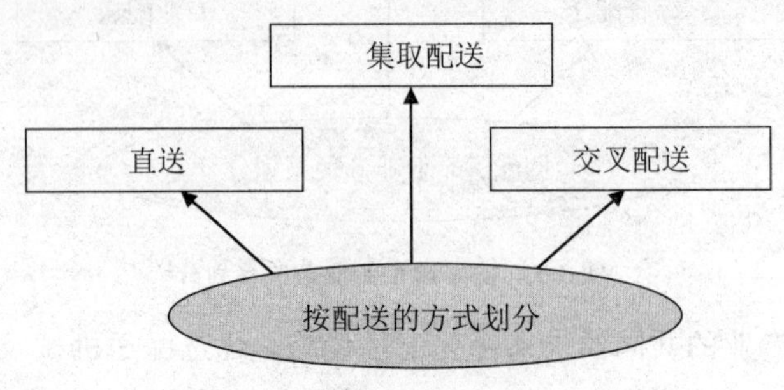

图 1-7 按配送的方式划分

(1) 直　送

直送是指生产厂商或供应商根据订货要求，直接将商品运送到客户的配送方式。其特点是需求量大，每次订货往往大于或接近一整车，且品种类型单一。

(2) 集取配送

集体配送即往复配送，指与用户建立稳定的协作关系，在将用户所需的生产物资送到的同时，将该用户生产的产品用同一车运回。此种配送方式不仅能充分利用运力，也能降低生产企业的库存。

(3) 交叉配送

交叉配送是指在配送据点将来自各个供应商的货物按客户订货的需求进行分拣装车，并按客户规定的数量与时间要求进行送货。此种配送方式有利于减少库存，缩短周期，节约成本。

三、配送的基本环节

配送由备货、储存、理货、配装和送货五个基本环节组成，每个环节又包括若干项具体的作业活动。备货是配送的准备工作和基础环节，其目的在于把用户的分散需求集合成规模需求，通过大规模的采购来降低进货成本，在满足用户要求的同时也提高了配送的效益；储存是进货的延续，是维系配送活动连续运行的资源保证；理货是区别于一般送货的重要标志，是配送活动中必不可少的重要内容；配装是送货的前奏，是根据运载工具的运能合理配载的作业活动；送货则是配送活动的核心，也是配送的最终环节，要求确保在恰当的时间，将恰当的货物、恰当的数量，以恰当的成本送达恰当的用户。配送的基本环节示意图如图 1-8 所示。

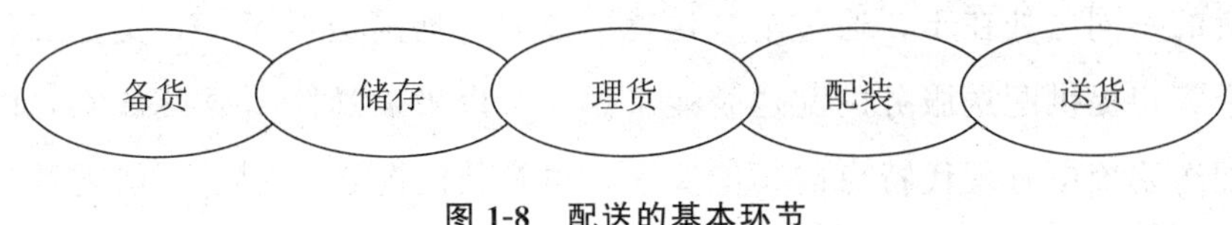

图 1-8　配送的基本环节

1. 备　货

备货是配送的准备工作或者说是基础工作，包括筹集货源、定购以及相关的质量检查、结算、交接等子功能。第三方共同配送的优势之一，就是可以集中用户的需求进行一定规模的备货。备货是决定配送成败的基础工作，备货成本对整个配送系统的运作成本有极大的影响，过高的备货成本必然导致配送效率的降低。

2. 储　存

配送中的储存有储备及暂存两种形态。配送储备是按一定时期的客户经营要求而存储，其主要是消费者对客户的商品资源需求，这种类型的储备数量大，储备结构也比较完善，视货源及到货情况，可以有计划地确定周转储备及保险储备的结构及数量。配送储备大多选择在设定区域配送中心外另立仓库单独设置。暂存是指具体执行短期配送计划时，按配送要求在理货场地所做的少量储存准备。由于总体储存效益取决于储存总量，因此，这部分暂存数量仅对配送效率产生影响，而不会影响储存的总效益，因而在数量上不必过于严格控制。另外，还有一种形式的暂存，既在出库指令已经下达，而且经过分拣、配货之后，装车之前所形成的发送货载的暂存，其目的主要是调节配送与送货的时间节奏，暂存时间不长。

3. 理货分拣及配货

分拣与配货是配送有别于其他物流形式的独特的功能要素，也是配送成败的一项重要支持性工作。分拣及配货是完善送货、支持送货的准备性工作，是不同配送企业在送货时进行竞争和提高自身经济效益的必然趋势，因此，也可以说是送货向高级形式发展的必然要求。有了分拣及配货，就会大大提高送货服务水平，尤其对于面对非单一客户且种类繁多的共同配送模式更是如此，因此，分拣及配货是决定整个配送系统水平的关键要素。

4. 配　装

在单个用户的配送数量不能达到车辆的最有效载运负荷时，就存在如何集中不同用户的配送货物进行搭配装载以充分利用运能、运力的问题，这就需要配装。与一般送货的不同之处在于，通过配装送货可以大大提高送货水平，更重要的是，对于为多个客户提供配送服务的配送企业来说，可以极大地降低送货成本，因此，配装也是配送系统中有现代特点的功能要素，也是共同配送区别于一般配送、单一送货的具有现代物流特点的功能要素。

5. 送货配送运输

配送运输属于运输中的末端运输，是与干线运输完全不同的概念。配送与一般运输的区别就在于：配送是较短距离、较小规模、频率较高的运输形式，一般选择汽车作为运输工具。配送与干线运输的另外一个区别是：配送运输的路线选择问题及时间窗口问题是一般干线运输所没有或无须重视的，干线运输的干线是唯一的运输线，而配送运输由于配送用户多，一般负责城市交通路线，而且由于配送终端的资源配置问题所决定的时间窗口单一性，使得如何组合最佳配送路线，如何使配装与路线及配送终端客户的有效衔接等成为配送运输的特点，也是配送中难度最大的工作，对配送效率及配送成本会产生直接影响。

6. 流通加工

流通加工是物流系统的构成要素之一，但是流通加工区别于一般的生产活动：生产是使一件物品产生某种形态或具有某种使用功能的活动，流通阶段的加工即物流加工，处于不易区分生产还是物流的中间领域，而且目的在于提高物流系统的效率，即“保存加工和同一物品的形态转换加工等，都是一种为提高物流运转率而进行的加工活动”。当然，流通加工环节的功能并不是配送系统必须考虑的要素，但是，其目的是为了提高物流运转率而进行的活动，而且，消费市场的多样化需求决定了流通加工对增加服务内容、提高客户服务水平具有一定的推动作用。

实例

麦克米兰的无纸化配送

图书配送是一个复杂的物流过程，品种繁多、时效性强。麦克米兰配送服务公司（MDS）是澳大利亚最大的图书分销商之一。为应对快速增长的配送需求，该公司在墨尔本建立了亚太区最先进的图书配送设施，将先进的订单处理技术与定制开发的信息管理系统及集成的无线数据网络集成，在整个运作中实现了无纸化拣选。

该公司为物流量最大的产品选择电子标签技术，为中等速度的货品选择 RF 定向播种式拣选车，为物流量最小的货品选择 RF 和集中拣选。

MDS 的订单处理系统建立了每本图书的书名、位置、数量、重量和尺寸等全面信息，利用这些信息能确定每个订单所需纸箱类型、数量及计重。订单可在仓库的任何位置分散导入，并自动跨区导向至需要拣选的区域。一旦订单被导入至某个拣选区，拣选员会通过分区面板、电子标签显示器或 RF 终端接收到指令，拣书装箱后，自动输送机会对其进行输送和分拣，准备发货，同时还自动生成票据和 ASN。

四、配送的应变计划

在配送过程中发生异常情况时，除了启动控制系统外，还必须有相应的应变措施，即应变计划。应变计划是控制系统下的产物，严格来说即是监控计划执行后，确认行动计划发生异常下的各项应变措施，若配送作业正常，则维持原计划。因此，“确认”的动作就变得格外重要，监控计划制订完成后便开始接收监视各项配送作业所传递出来的各项信息，决策者再根据这些信息判断作业是否正常进行，这样的动作就是所谓的“确认”。而异常作业发生时的作业应变计划应包含下列几项。

1. 订单处理异常的应变计划

订单处理的主要工作为接单后客户、订单数据的确认，存货查询，订单整理与编号，其作业异常状况就包括客户订单的突然取消或变更。由于不正确的订单数据会造成往后配送作业计划制订得不正常，因此，应变的方式应尽快将正确的订单数据传送给下游部门，若下游不正确的配送计划已进行，就必须加以修正并将修正后预估的作业进度回报给决策中心进行监控、确定，直至作业正常。例如因订单信息传达错误所造成的拣货作业异常，企业确认异常后应必须将正确的货物加入拣货作业中，并加派人员或机具进行拣货作业，期望能符合原订的拣货作业进度，并将落后的作业时间控制在最小的范围。也就是说，若拣货作业的进度势必将无法达成时，企业必须通过各种手段将落后的进度控制在尚能经由下游作业改善来达成任务的程度。因此，若是上游的配送作业计划发生异常，将有愈多进行改善的措施，也因此上游配送作业计划的监控变得格外重要。

此外，订单处理发生异常除了指订单信息不正确外，还包含存货的不足。当此种状况发生时，决策者就必须考虑若要在一定时间内补足存货将会造成多少额外的支出，或者考虑客户对于公司的贡献，有时企业虽然支出更多的作业成本，但却能保住公司的服务品质、形象。

2. 拣（分）货异常的应变计划

拣（分）货作业产生异常的原因大致可分为两点：一是拣（分）货作业时间落后，原因可能是由于机具或人员的疏失所导致，而所谓的作业时间落后，指的是与监控计划比较下的结果；二是拣（分）货状态、数量不正确，原因可能是接单部门传递信息发生错误或是机具、人员在执行任务时造成的疏忽。拣（分）货异常所需进行的应变措施也可依照原因发生的不同而有不同的处理方式。若异常是由于进度落后造成的，企业应加派人员（分）拣货或调整拣货（分）顺序，将配送时间限制较宽松的订单货物的拣货作业顺序延后，或额外制订新的拣（分）货作业，以插单处理的方式与原计划同步进行拣（分）货作业。若异常是由于货物状态、数量与原计划不同造成的，企业就必须紧急查询配送中心的存货，若尚有存货，则应将数量不足或状态不正确的货物补足；倘若存货不足，就必须向其他单位或相关企业紧急调度，最后若仍无法解决，就必须尽早通知客户，并洽谈其相关的补救方法与赔偿事宜，由于计划已无法补救，企业可考虑删除或延后进行该项异常的拣（分）计划，此时，下游相关的配送计划也应随之改变。总而言之，能与客户进行有良好的沟通与谈判，也是决策者应考虑的应变计划之一。

3. 配送异常的应变计划

配送异常的原因通常较为复杂，主要是由于在进行货物实体配送时外在环境无法控制，例如配送路线有事故发生、交通状况恶劣、气候或路面状况不佳等，再加上配送车辆已离开配送中心，若无法掌握驾驶人员的行踪，或驾驶人员本身品性不良、工作时数过长等人为因素，也会造成配送异常的状况，配送异常在此是指配送的货物无法在客户订单上注明的交货时间、方式完成交货任务。另外，企业本身所提供的车辆不足以应付订单的要求时也会造成作业异常。因此，企业在制订配送计划时应尽量将各种因素纳入其中，除了考虑成本外，交通特性与驾驶员的品性、驾驶记录也是应考虑的因素。

配送异常的应变计划大致可分为两项。一是运输计划的变更，内容包括配送顺序、配送路径与配送车辆选择的改变，以变更配送顺序而言，若决策者获知配送目标将无法达成，若仍按照原计划进行，将造成所有订单所应交付的货物全部或部分延迟，因此应将所有的配送顺序重新制订，使受到延误的客户数量减至最小。值得注意的是，由于运输计划的执行必须由驾驶人员来进行，依靠的是驾驶人员的经验与路况的熟悉程度，因此，在改变相关的应变措施时，除需及早通知驾驶人员外，还应重新考虑适合的驾驶人员。二是属于事后补救，若配送车辆在进行配送时遇到不可抗力的因素而造成无法补救的延误，监控部门就应该及早与驾驶人员确认并通知客户，使客户提早获得延误的信息以及合理的赔偿。此外，若作业异常发生的原因为配送的车辆的不足，则必须考虑与其他企业或相关的货运公司调派、租赁车辆，但除非遇到绝对不能延误交货的任务以及其他企业的车辆设备无法与控制系统相配合等外。

下面将控制理论应用于配送作业时的意义、内涵进行整理。

①任务：将货物交付给客户。

②控制目标：依照客户订单的需求，将货物准时、正确地交付行动计划，即订单处理计划、拣（分）货计划、配送计划。

③监控计划：各项作业计划的监控。

④应变计划：订单处理异常时，更新订单数据，及时通知相关作业部门；拣（分）货异常时，加派人员、机具进行作业，作业顺序变更，延误通知与事后赔偿；配送异常时，配送顺序、路径、车辆的变更，延误通知与事后赔偿。

实践训练

配送形成和发展过程实训报告

1. 实训情景

通过资料收集，撰写实训报告，说明配送的形成和发展过程，以及配送的发展趋势。

2. 实训目标

结合图书资料、网络资料以及所学知识，撰写配送的形成和发展过程、发展趋势实训报告，进一步了解配送的相关概念。

3. 实训准备

（1）模拟实训室 1 间，能容纳 50 个人；多媒体投影仪 1 台，屏幕 1 个，白板

1 个。

（2）对学生进行分组，每组 3～4 人。

（3）学生在实训老师的指导下，按照步骤完成实训，教师可根据需要给出相应的数据和人员信息。

4. 工作步骤

（1）教师布置实训任务：通过资料收集，撰写实训报告，说明配送的形成和发展过程，以及配送的发展趋势。

（2）学生根据老师布置的实训任务，收集资料，撰写实训报告。

（3）不同小组总结发言，交流经验。

（4）教师总结。

5. 实训评价

学生小组根据老师布置的任务形成书面的实训报告。

教师对各组的训练完成情况进行点评。

表 1-1　配送形成和发展过程实训报告

<table>
<tr><td>考评人</td><td></td><td>被考评人</td><td colspan="2"></td></tr>
<tr><td>考评地点</td><td colspan="4"></td></tr>
<tr><td>考评内容</td><td colspan="4">配送形成和发展过程实训报告</td></tr>
<tr><td rowspan="5">考评标准</td><td colspan="2">具体内容</td><td>分值</td><td>实际得分</td></tr>
<tr><td colspan="2">在规定时间内完成操作</td><td>10</td><td></td></tr>
<tr><td colspan="2">内容的丰富性</td><td>10</td><td></td></tr>
<tr><td colspan="2">内容的完整性</td><td>25</td><td></td></tr>
<tr><td colspan="2">实训报告</td><td>55</td><td></td></tr>
<tr><td colspan="3">合　计</td><td>100</td><td></td></tr>
</table>

注：考评满分为 100 分，60～74 分为及格，75～84 分为良好，85 分及以上为优秀。

任务二　配送中心认知

知识学习

一、配送中心的概念

配送中心的主要任务是实现物流中的配送作业。配送活动是在物流发展的客观过程中产生并不断发展的，这一活动过程伴随着物流活动的深入和物流服务社会化程度的提高，在实践中不断演绎和完善其经济机构。配送中心具有集货、分货、送货等基本职能。配送中心是物流中心的一种主要形式，是在实践中产生并发展的，其功能基本涵盖了所有物流的功能要素。它是以组织配送进行销售或供应、实行实物配送为主要职能的流通型物流节点。在配送中心，为了做好送货的编组准备，需要进行零星售货、批量进货等种种资源搜集工作和备货等工作，因此，配送中心也有销售中心、分货中心的职能。由此可见，配送中心的功能是比较全面和完整的，或者说配送中心是销售中心、分货中心、加工中心的功能的总和，兼有“配”与“送”的功能，如图 1-9 所示。

对“配送中心”的定义，国内外学者有着不同的解释。日本《物流手册》将配送中心定义为：“从供应者手中接收多种大量的货物进行倒装、分类、保管、流通加工和情报处理等作业，然后按照众多需求者的要求备齐货物，以令人满意的服务水平进行配送的设施。”而我国的国家标准《物流术语》对配送中心的定义是：从事配送业务具有完善的信息网络的场所或组织，应基本符合下列要求：主要为特定的用户服务；配送功能健全；辐射范围小；多品种、小批量、多批次、短周期；主要为末端客户提供配送服务。

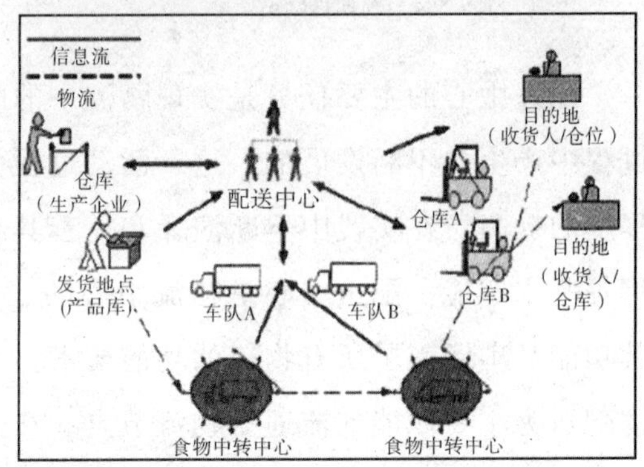

图 1-9　配送中心的功能

二、配送中心的定位

配送中心的经营定位一般应包括如下几方面的内容。

1. 配送中心的功能定位

一般来说，配送中心的功能定位是以其开展的配送服务的内容和相应的配送环节为基础来进行的。由配送中心的基本作业流程和环节可知，配送中心一般有采购、储存、加工、分拣、配货、配送运输等诸多功能。但不同类型的配送中心其主要功能的定位不同，不同功能的配送中心在建设规划时，从设施选用到平面布局再到组织管理方面都会有不同。例如，仓储型配送中心其功能主要是货物的储存，其主要的服务目的是尽可能地降低服务对象的库存，因此，必须有较强的库存调节能力，所以，在进行建设规划时，应规划较大规模的储存空间及相应的设施；流通型配送中心则以快速转运为核心，大批量进货，快速分装或组配，并及时地配送到客户要求的地点，因此，在进行规划建设时，应该以配备快速分货、备货设施为主；

专业型配送中心主要针对特殊商品的特性，满足特殊商品在进行流通加工及配送中的特殊要求，配备对特定商品的处理设施，开发适应特种商品作业的物流技术；而综合性的配送中心必须配备适应多种商品处理的通用性设施与设备，或者有较全面的专门化设施与设备。

对于城市配送中心，商品的配送一般需要“门到门”配送，因此需要有反应迅速、配送灵活的配送设施与设备；而大多数城市都有已经成形的城市道路网，因此需要配送中心根据以上要求合理地规划配送运输网络，并加强运输车辆和运输组织方面的管理，以适应这种快捷运输的要求。对于区域性配送中心，其辐射范围广，配送规模大，甚至会开展全国甚至跨国的配送业务，这类配送中心通常以销售功能为主，通过配送功能促进商品销售，因此，其设施和建设通常要考虑具备多种物流的功能，特别是要具备高效的信息传输网络，既适应商流的需求，也适应物流的需求。

2. 配送中心经营商品的定位

配送中心经营商品的定位主要是根据市场需求与其服务对象来确定的。对于一般的商业连锁体系来说，通常配备经营一般消费品的配送中心，负责连锁体系内大部分商品的配送，并以统一采购、统一库存、统一配送来形成规模效应，以获得规模效益；一些由传统批发机构改组而形成的专业化配送中心，通常以其经营的商品为主，开展配送业务，其品种较为单一，批量较大，因此，现在一般的配送中心所能处理的商品种类是有一定限制的。如现在专门的服装配送中心、电器配送中心、食品配送中心、干货配送中心、生鲜配送中心、图书配送中心等，有时甚至是专门处理某一种更小类别商品的配送中心。由于不同的商品配送所需的配送作业场地、设施设备是不同的，作业流程也有很大区别，因此，试图建立一个能够适应所有商品流通配送需求的配送中心是不切实际的。另外，一个配送中心没有必要也不可能配备能够处理所有商品的物流设施与设备。因此，配送中心需要确定自己所处理的商品，以对以后的配送中心的设计、商品配送流程的规划有一定的针对性。因此，配送中心配送商品的类型通常是在配送中心规划时，与配送中心的功能结合在一起考虑的。

3. 配送区域的定位

配送区域是指配送中心的辐射范围的大小，即以某一点为核心建立配送中心，配送中心的车辆等运输工具在经济合理的范围内所能够到达的最远距离。配送中心的辐射范围和区域的大小不仅关系到配送中心的投资规模，也影响到配送中心的运作方式。因为配送区域越大，配送中心的规模也应该越大，运送距离越长，对其运输设备的要求越高，相应的运作方式和管理组织程序也会不同。

通常对于连锁商业体系来说，配送中心的辐射区域和配送能力取决于其零售店铺的分布范围和数量多少。连锁商业体系组建配送中心的方法，可以按照适当的比例，根据商圈范围内顾客分布、分店数量与配送中心的适当比例，来确定配送中心的位置、规模与数量。对于生产企业的自营供应配送，配送中心数量有限，一般地，配送区域也主要在生产厂区。生产企业的销售配送首先要根据客货分布的远近、销售量的大小及其运行的成本来综合考虑是自营还是外包，如果是自营性配送中心，还要考虑配送服务区域的大小，并以此来决策配送中心的级别与规模。

无论是何种形式的配送中心，其区域的确定都是以其服务对象所形成的区域为基本前提，在一定商圈范围内选址的。建设规模越大，经营能力越强，其辐射范围越广，服务的商圈就越大。反之，服务商圈越大，配送中心在投资建设和经营组织等方面，就必须考虑其形成足够的配送能力，以满足市场需求。

知识链接

机器人在配送中心有何用途?

今年，亚马逊收购了一家机器人制造公司 Kava System，希望它所设计和制造的机器人能够帮助公司提高仓储物流效率，也希望减少人力成本。由于收购 Kava System，亚马逊 2012 年第二财季的净利润出现大幅下滑，同比下降了 96%，只有 700 万美元，而 2011 年第二季度，亚马逊的净利润是 1.91 亿美元。不过，BusinessWeek 的高级编辑 Sam Robert 指出，在亚利桑那州亚马逊最新建成的配送中心里，似乎见不到机器人的踪迹。而且，为了应付假期购物季，亚马逊在 10 月份还公布将招聘 5 万名兼职工作人员——似乎机器人也没能帮助公司节省多少人力。到底这些机器人发挥着什么作用？也许用途比我们想象中要窄得多。

Quiet Logistics 是一家帮助时尚品牌 Zara 以及线上时装销售的 Gilt、Booboos 处理订单的公司。在处理订单的过程中，他们使用了 Kava System 制造的机器。CEO Bruce Welty 说："机器人擅长收拾东西。它们并不擅长从一大堆东西中辨认出其中一项。”Kava System 制造的机器人在 Welty 的库房中只做一样事情，那就是将在货架上的货物拿给工人。之后，工人们就会在发货之前将货物打包好。

图 1-10　机器配送

从某种角度上看，机器人承担了亚马逊工人在工作过程中重复低效但会浪费时间的部分，比如需要来来回回地取货，而没有完全取代人类员工的真正工作——挑拣货物，然后打包。

美国总统奥巴马一直希望美国制造业能够回流，其中一种方式就是通过机器人工人来打败中国工人。但中国企业并没有选择坐以待毙。

富士康去年曾表示，要在三年内部署一百万部机器人，用于流水线上的操作。但目前来看进度缓慢。上月，第一批一万台“富士康机器人（Foxtrot）”才正式在工厂里部署。

根据《21 世纪商业评论》的报道，在采用 Robot 之前，富士康已经在工厂中采用瑞典自动化品牌 ABB 的机器人，它们打磨工件、从事喷涂工作，还能做任何抓取、移动、放置工件的工作。来自日本的机器人企业安川，也为富士康提供工业机器人。

富士康于 2007 年在深圳成立了 AR（自动化机器人）事业部，专门用于工业机器人的研发。四年之后，富士康自行设计制造的 Robot 已逐渐入驻分布在各地的富士康工厂，包括中国深圳、昆山、郑州以及越南北江等，Robot 能够承担搬运、剪料、钻铣、雕刻等工作。

然而，在富士康的生产线上，机器人尚无法完全取代工人。来自昆山富士康车间的一名科长说，以 iPhone 5 后背盖的生产为例，仍然需要工人的触觉来判断机壳上的胶纸是否粘牢。这部分工作机器人则无法胜任。

三、配送中心的类型

1. 按配送中心的配送对象分类

配送中心按配送对象分类示意图如图 1-11 所示。

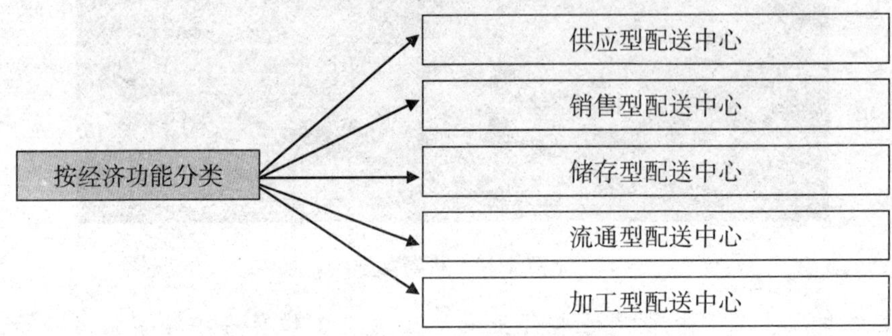

图 1-11　按配送中心的经济功能分类

（1）生产资料配送中心

生产资料配送中心主要负责向生产企业配送能源、原材料、零部件等物品，是专门为生产企业组织供应的配送中心。该种类型的配送中心多设在交通比较便利的地区，如重要的交通枢纽或铁路沿线、沿海地区，或者距离原材料产地或销售材料需求企业较近的地区。我国的煤炭配送就属于这种类型。

（2）生活资料配送中心

生活资料配送中心所采用的配送模式属于配销模式，即其配送功能是作为促进产品销售的主要手段而存在的。如生产企业为本身产品的直接销售而建立的配送中心，商品批发企业为促进商品的分销而建立的配送中心，其目的都是为了扩大市场的销售能力。

（3）特殊商品销售中心

特殊商品销售中心的主要功能是配送特种商品，如易燃、易爆、有毒、生鲜易腐、贵重物品等。这种配送中心在设施与设备的设计上，为了保护特种商品，通常采用较特殊的设计，因此其初期建设费用较高；在商品的储存及进出库作业上，也要采用特殊商品所要求的作业方法，因此其配送成本较高。另外，对于剧毒、易燃易爆等商品配送中心在配送中心选址时，应该将其选在远离人群的地区。

2. 按配送中心的经济功能分类

配送中心按配送中心的经济功能分类示意图如图 1-12 所示。

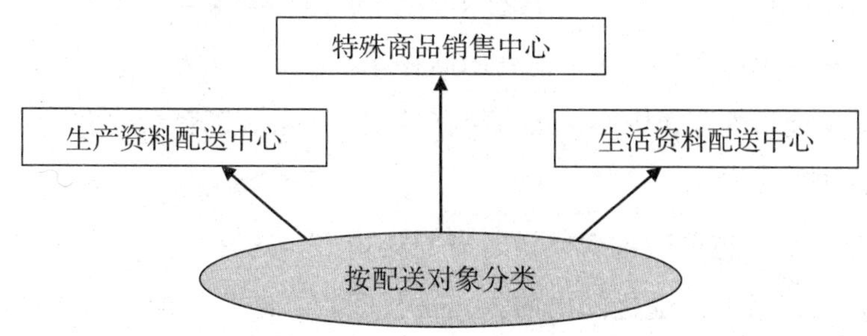

图 1-12　配送中心按配送对象分类

(1) 供应型配送中心

供应型配送中心是以向客户供应商品、提供后勤保障为主要特点的配送中心。这种配送中心大多为大型生产企业或大型连锁零售企业供应原材料、零配件和其他商品，并与这些生产企业或零售企业建立紧密稳定的合作关系。由于供应型配送中心需要向多用户供应商品，为保证生产和经营正常运行，这类配送中心一般都建有大型现代化仓库并储备一定数量的商品，占地面积一般也较大。

(2) 销售型配送中心

销售型配送中心主要以销售商品为目的，借助配送这一手段来开展经营活动。这类配送中心多为商品生产者或销售者为促进商品销售，降低物流成本，以高效甚至是免费的物流配送服务吸引客户，由此而采用各种物流技术，装备各种物流设施，运用现代配送理念来组织配送活动而形成的配送中心。这种配送中心是典型的配销经营模式，在国外都以销售配送中心为主要发展方向。在具体实践中，销售型配送中心具体分为三类：生产企业为了直接销售自己的产品以及扩大自己的市场份额而设立的销售型配送中心；专门从事商品销售活动的流通企业为了扩大销售而自己或合作建立起来的销售型配送中心；流通企业和生产企业联合建立的销售型配送中心。

(3) 储存型配送中心

储存型配送中心是充分强化商品的储备和储存功能，在充分发挥储存作用的基础上开展配送活动的配送中心。在买方市场环境下，生产企业的配送中心通常需要有较强的储存功能，以支持企业的产成品销售的供应；在卖方市场环境下，企业的原材料和零部件供应需要有较大的库存支持，这种配送中心也可称为是储存型的配送中心。配送服务范围较大的区域性配送中心，为了保证库存物资的及时供应，也需要具备较强的存储功能，这也可称为储存型配送中心。这种配送中心通常需要有较大规模的仓库和储存场地，在资源紧缺的条件下，能形成储备丰富的资源优势。例如，美国赫马克配送中心的储存区具有 16.3 万个储存货位，瑞士 GIBA－GEIGY 公司的配送中心拥有世界上规模居于前列的储存库，可储存 4 万个托盘，可见储存能力之大。我国目前建设的配送中心，多为储存型配送中心，库存量较大。

（4）流通型配送中心

流通型配送中心包括通过型或转运型配送中心，这种配送中心基本上没有长期储存的功能，仅以暂存或随进随出的方式进行配货、送货，通常用来向客户提供库存补充。其典型方式为：大量货物整批进入，按一定批量零出。一般采用大型分货机，其进货直接进入分货机传送带，分送到各用户货位或直接分送到配送车辆上，货物在配送中心里仅作短暂停留。因此，流通型配送中心应充分考虑市场因素，在地理上定位于接近主要的客户地点，可获得从制造点到物流中心货物集中运输的最大距离，其规模大小取决于被要求的送货速度、平均订货的多少以及单位用地成本。例如，日本阪神配送中心只有暂存库，大量储存则依靠一个大型补给仓库。

（5）加工型配送中心

加工型配送中心是以配送加工为主要业务的配送中心，其主要功能是对商品进行清洗、下料、分解、集装等加工活动，以流通加工为核心展开配送活动。因此，在其配送作业流程中，储存作业和加工作业居主导地位。由于流通加工多为单品种、大批量的加工作业，并切实按照用户的要求安排的，因此，对于加工型配送中心，虽然进货量比较大，但是分类、分拣工作量并不太大。此外，应为加工的产品品种较少，一般都不单独设立拣选、配货等环节。通常，加工好的产品（特别是生产资料产品）可直接运到按用户户头划定的货位区内，并且要进行包装、配货。在我国，生产和生活资料配送活动中有许多加工型配送中心。如深圳市菜篮子配送中心，就是以加工肉类为核心开展配送业务的加工型配送中心。另外，如水泥等建筑材料以及煤炭等商品的加工配送也属于加工型配送中心。

3. 按配送中心的辐射范围分类

（1）城市配送中心

城市配送中心是只向城市范围内众多用户提供配送服务的物流组织。城市范围内货物的配送距离较短，运输距离一般都处在汽车的经济里程内，因此，配送中心在送货时，一般用汽车送货，这可以充分发挥汽车的机动性强、供应快、门到门运输等特点。这种配送中心往往和零售经营相结合，由于运送距离短、反应能力强，因而从事多品种、少批量、多用户的配送较有优势。也可以开展门到门市的送货业务，其服务对象多为城市范围内的零售商、连锁店或生产企业，所以其辐射能力一般不是很强，在实践中多与区域性配送中心相连。目前我国一些城市所建立或正在建立的配送中心绝大多数属于城市配送中心。

（2）区域配送中心

这是一种辐射能力强，活动范围大，可以跨省市、全国乃至在国际范围内对用户进行配送的配送中心，其经营规模较大，配送批量也较大，其服务对象往往是下一级的城市配送中心、零售商或生产企业用户。虽然也进行零散的配送，但不是主要配送方式。这种配送中心的形式在国外已经非常普遍，一般采用大型连锁集团建设区域配送中心，负责某一区域范围内部分商品的集中采购，再配送给下一级配送中心的形式。如美国沃尔玛的配送中心，其建筑面积为 12 万平方米，投资为 7000 万美元，每天可为分布在 6 个州的 100 多家连锁店配货，经营的商品有 4 万多种。

四、配送中心的功能

配送是一种特殊的综合的物流活动形式，是商流与物流紧密结合，包含了商流活动的物流活动，也包含了物流中的若干功能要素，因此，配送中心是一种多功能、集约化的物流节点。作为现代物流方式和优化销售体制手段的配送中心，其把接货验收、储存保管、装卸搬运、拣选、分拣、流通加工、配送、结算、信息处理甚至是订货等作业有机地结合起来，形成多功能、全方位、集约化的供货枢纽。作为一个多功能、集约化的配送中心，通常应具备以下功能。

1. 备货功能

备货式配送中心的主要职能是根据客户的需要，为配送业务的顺利进行从事组织货源的活动。它是配送的准备工作或基础性工作。备货工作包括订货、集货进货、合理配货以及有关的质量检查、结算、交接等活动。配送的优势之一就是可以集中多个用户的需求进行大规模的订货等备货作业，以取得规模经济效应。备货是决定配送成败的初期工作，如果备货成本太高，那么会大大降低配送的效益。

2. 储存功能

配送中心的主要职能就是按照用户的要求，及时地将各种配装好的货物在规定的时间送到指定的地点，以满足生产和消费的需求。因此，为了顺利有序地完成向用户配送商品的任务，更好地发挥保障生产和消费的作用，配送中心通常都建有现代化的仓储设施，如仓库、堆场等，以储存一定数量的商品，形成对配送的资源保证。同时，配送中心还可以按照网点反馈的信息，及时组织货源，始终保持最经济的库存量，从而既能够保证生产和消费的需求，将缺货率降到最低点，又能够减少流动资金的占用和利息的支付。

3. 组配功能

由于每个用户（企业）对于商品的品种、规格、型号、数量、质量、送达时间和地点等的要求不同，配送中心就必须按用户的要求对商品进行分拣和组配。配送中心的这一功能是其与传统仓储企业的明显区别之一。可以说没有组配功能，就无所谓配送中心。

4. 分拣功能

分拣是指按照订货要求或配送中心的送货计划，迅速、准确地将商品从储存库或其他区域拣取出来，并按照一定的方式进行分类、集中，等待配装送货的作业过程。作为物流节点的配送中心，其为数众多的客户中，彼此之间存在着很大的差别，不仅各自的性质不同，其经营规模也大相径庭。因此，在订货或进货时，不同的用户对于货物的种类、规格、数量都有不同的要求。为了满足不同客户的不同要求，配送中心必须组织对货物进行分拣。因此，分拣作业是配送作业的各环节中非常重要的一环，是完善送货、支持送货的准备性工作。

5. 集散功能

配送中心是重要的物流节点，它可以凭借其特殊的地位和拥有的各种先进的设备、完善的物流管理系统，将分散在各个企业的产品集中起来，再通过分拣、配货、配装等环节向多家用户进行发送。同时，配送中心也可以把各个用户所需要的多种货物有效地组合或配装在一起，形成经济、合理的批量，以实现高效率、低成本的商品流通。另外，配送中心在选址时也应该考虑其集散功能，将地址选在商品流通发达、交通便利的中心城市或地区，以便于发挥其集散功能。

6. 衔接功能

通过开展货物配送活动，配送中心能够把各种生产资料和生活资料直接送到用户手中，从而起到了衔接生产和消费的作用。另外，配送中心通过储存和货物的发送，又起到了调节市场需求、平衡供求关系的作用。配送中心不断地通过进货、送货、快速周转，能够有效地解决产销不平衡的矛盾，缓解供需矛盾。配送中心通过发挥储存和发散货物的功能，能够实现供需、产销双方的衔接。

7. 流通加工功能

配送中，流通加工的存在可以大大提高顾客的满意度，配送中心应该注意提高其配送加工能力，保证有能力按照客户的要求进行配送加工，以便提高物流效率和顾客满意度。配送中的流通加工除了满足客户要求外，有时还能够方便进行配送作业，以提高物流效率。销售型配送中心有时也会根据市场需求来进行简单的流通加工。

8. 信息处理功能

配送中心作为衔接供应方和需求方的重要枢纽，需要同双方保持信息上的及时沟通。随着现代物流对配送的效率及实效性的增强以及库存产品资金占用的提高，配送对信息处理速度和传输效率的要求也越来越高，为此配送中心必须有高效的信息处理和传递系统。另外，配送中心内部作业的高效率也离不开信息系统的支持。

知识链接

新型配送中心的基本功能要素

新型配送中心的基本功能要素如图 1-13 所示。

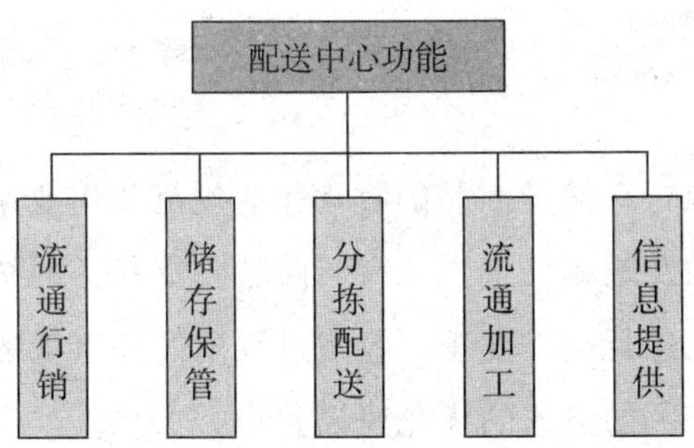

图 1-13　新型配送中心的基本功能要素

五、配送中心的岗位与职责

配送中心的岗位设置是依据配送中心仓储部及相关现场作业部门的组织架构来设定的。设定的基础为配送中心各项物流作业中所可能需要的工种。岗位的设置随组织架构的调整及配送中心业务的变更而改变，也可随工作人员对于现场各项工作的熟练程度而加以合并或重新分工。

1. 单据组

负责WMS系统的相关操作，各作业环节的发单及回单，相关单据、合同的录入及配送清单的列印，依据经合同收费、配送费用单据列印等的工作。

2. 客服组

负责供应商的约仓工作，负责物流中心与上下游的业务沟通，负责处理门店进货、退货差异，负责处理供应商、客户投诉等事宜。

3. 系统维护支持组

负责物流中心系统的基础维护工作，包括一些储位的维护及基础数据的采集、分析的工作等；负责新引进商品长、宽、高的录入工作；负责物流中心经由合同的数据分析工作；负责物流中心运营数据的分析、报表制作等工作。

4. 验收组

负责供应商来货的验收工作，严格按公司的验收标准收货，并能够指导供应商按商品的标准栈板量进行码板。

5. 存储收货组

全面负责并严格执行存储类商品的收货作业规范及作业流程，对进货商品的品质、数量、验收准确性及效率负全责，存储商品收货码头的统一安排，对日常收货人员的作业分工及时间进行统一安排，收货过程中例外事项的处理，向上级科长提报本组范围内与作业相关的流程的优化建议。

6. 仓管组

主要负责物流中心仓内的相关作业，如验收商品的入库、拣货、补货、库存管理等作业。

7. 叉车组

负责仓内整板商品的上下架作业、商品移动作业及其他一些涉及高位货架作业的工作，负责入库商品的搬运作业等，负责所驾驶的叉车的日常维护及保养工作。

8. 整件拣货组

负责客户要货的整件商品（不足一板）的拣货工作，负责拣货位商品的整理工作；负责客户要货的商品的整件赠品（不足一板）的拣货工作，负责拣货位商品的整理工作。

9. 出货理货组

负责仓内出货商品的复核工作，负责在码头区按客户对出货商品进行整理、合流以及与运输组进行交接等工作，负责出货的搬运工作。

10. 补货组

负责仓内日常商品由保管位向拣货位的补货作业，负责出库定位结束后商品的紧急补货作业，负责仓内日常管理涉及的商品移库作业。

11. 退货作业组

负责验收门店（客户）退回的商品，负责对退回的商品进行入库作业，负责发出退货商品（退供应商）的退货申请，负责将待退供应商的商品进行整理并与供应商进行相关的交接，负责退货区货位的管理及库存管理。

12. 配送组

负责物流中心的日常配送车辆调度工作、车辆配送、配送单据回收，负责物流中心司机的相关管理工作。

实例

某配送中心的组织结构图

某配送中心组织结构图如图 1-14 所示。

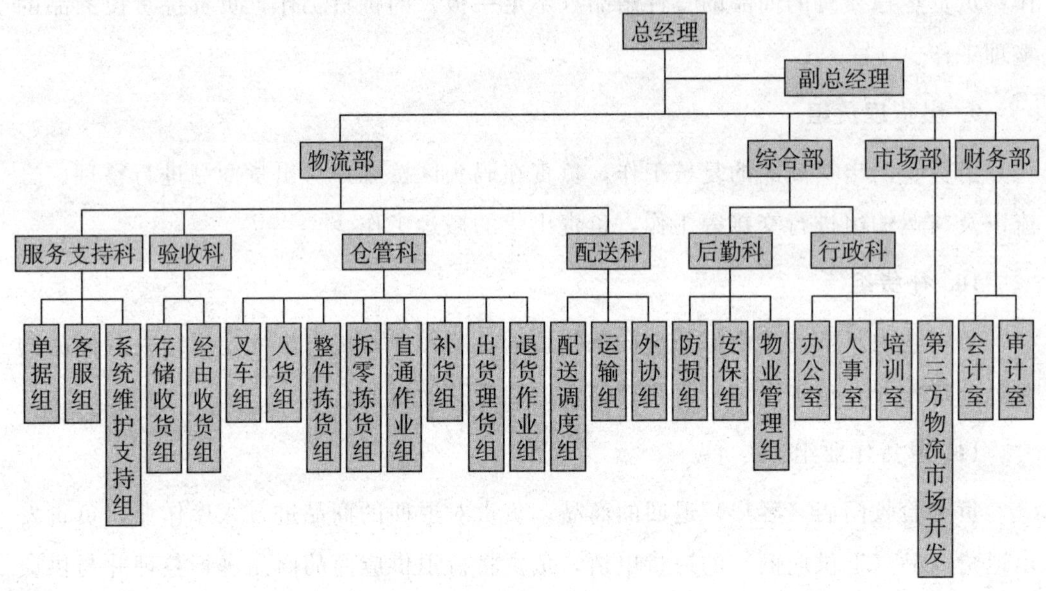

图 1-14 某配送中心的组织结构图

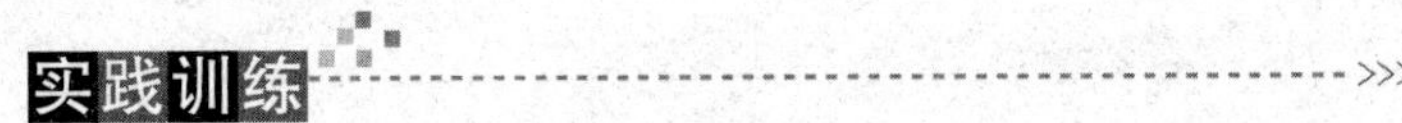

实践训练

参观配送中心

1. 实训情景

参观某配送中心，熟悉配送中心的设施、设备和工作流程，撰写参观感受。

2. 实训目标

(1) 通过参观，学生能够对物流管理专业所从事的工作内容有一定的认识；

(2) 通过参观，学生能够更深刻地理解配送管理在物流中的地位及作用，并能把书本上学过的专业知识同实践结合起来，巩固专业理论教学的效果；

（3）培养学生调查、研究、观察问题的能力；

（4）培养学生更好地了解社会、了解将来可能从事的行业，为将来更快地适应工作打下基础。

3. 实训准备

（1）选择某配送中心，能容纳 50 个人。

（2）老师布置参观任务和要求。

4. 工作步骤

（1）选取某配送中心；

（2）老师布置参观任务和要求；

（3）组织学生参观企业并现场提问；

（4）学生撰写参观感受并相互交流；

（5）老师点评总结。

5. 实训评价

学生根据参观的感受，记录参观过程中出现的问题，形成书面的参观感受（如表 1-2 所示）。

教师对各组训练完成情况进行点评。

表 1-2　配送中心参观感受

考评人		被考评人	
考评地点			
考评内容	配送中心参观感受		
考评标准	具体内容	分值	实际得分
	参观的纪律性	10	
	参观的合作性	10	
	参观的主动性	25	
	实训报告	55	
合　计		100	

注：考评满分为 100 分，60～74 分为及格，75～84 分为良好，85 分及以上为优秀。

复习思考

一、判断题

1. 存储型配送中心是计划经济体制遗留的产物。（　　）

2. 配送只包括配货和送货两种功能。（　　）

3. 功能互补不是共同配送模式的原则。（　　）

4. 配装是把多个用户的货物或同一用户的多种货物进行搭配装载，满载于同一辆车。（　　）

5. 复合分拣是单独分拣与传送分拣的组合运用。（　　）

二、选择题

1. 配送是接近（　　）的全过程。

A. 客户资源配置

B. 货物

C. 物流

D. 客户要求

2. 以下不属于物流配送中心的功能的是（　　）。

A. 具有延伸服务的作用

B. 经济高效地组织储运

C. 使供货适合市场需求变化

D. 储存商品，提高商品的保管效率

3. 移库是在客户处建立一个（　　）。

A. 实际仓库

B. 虚拟仓库

C. 中心库房

D. 租用库房

4. 下列不属于存货控制的目的的是（　　）。

A. 保持合理的库存量，减少超额存货投资

B. 降低库存成本

C. 防止延迟和缺货，使进货与存货取得全面平衡

D. 快速有效地满足客户需求

5. 货物配载应（ ）。

A. 由远及近

B. 由近及远

C. 由重到轻

D. 由轻到重

三、简答题

1. 配送有哪些基本环节？

2. 配送中心的功能包括哪几方面？

课外拓展

课外阅读指南：客户管理相关书籍，配送管理相关书籍，办公自动化相关书籍。

学习素材准备：沈文天主编，《配送作业管理》，高等教育出版社，2012年4月出版；

钱廷仙主编，《现代物流管理》，高等教育出版社，2009年3月出版；

朱华主编，《配送中心管理与运作》，高等教育出版社，2009年3月出版。

网络学习指南：http：//www.chinawuliu.com.cn/zixun/class_10.shtml/中国物流与采购网/资讯中心/仓储配送；

http：//www.chinawuliu.com.cn/xsyj/class_67.shtml /中国物流与采购网/学术研究/论文荟萃/配送与连锁；

http：//bbs.chinawutong.com/中国物流论坛；

http：//www.peisong.biz/ 中国配送网；

http：//www.totallogistics.com.cn/天津全程物流配送有限公司。

总结提高

“配送和配送中心认知提高表”如表 1-3 所示。

表 1-3 配送和配送中心认知提高表

项目一 配送和配送中心认知		
问 题	总 结	提高（建议）
你学习本模块最大的收获是什么？		
你认为本模块最有价值的内容是什么？		
哪些内容（问题）你需要进一步了解或得到帮助		
为使你的学习更有效，你对本模块的教学有何建议？		
学生签字： 年 月 日		

项目二　订单管理

学习目标

【知识目标】

认识订单处理作业的重要性，理解订单处理的概念，掌握订单处理类型；掌握存货分配模式，掌握分配后存货不足的异动处理方式；了解客户档案所包含的内容、存货分配与缺货处理原则、订单处理状态跟踪管理的方法。

【技能目标】

能分析订单处理作业的状况，并会对订单处理进行初步管理；能正确利用宏观层面的订单管理要素，对整个订单处理过程进行管理；能改善订单处理流程。

【职业能力目标】

培养完成订单处理作业的方法能力与社会能力；树立客户第一的服务理念，满足客户的不同需求，不断提高客户的服务水平；树立效率意识、成本意识、责任意识。

工作情景

萨姆森—帕卡德公司是生产各种规格工业用软管接头及阀门的企业，每天处理50份订单，每份订单处理周期15～25天。其中，订单处理时间为4～8天，生产备货的时间为11～17天。由于订单处理时间过长，客户经常抱怨。李明是公司的负责生产管理的副总，他通过改变和完善订单处理流程，减少了订单处理时间，缩短了25%的订单处理周期，使客户感到了满意，公司也因此使客户更加依赖公司的物流服务，牢固了在行业中的地位。

任务描述

为了完成该项目，应在明确订单概念的前提下，先掌握订单处理的基本作业流程，再进行订单处理作业流程的优化。

下面将分别对这些任务进行确认，并对任务的实施给予理论与实际操作的指导。

任务一　订单作业认知

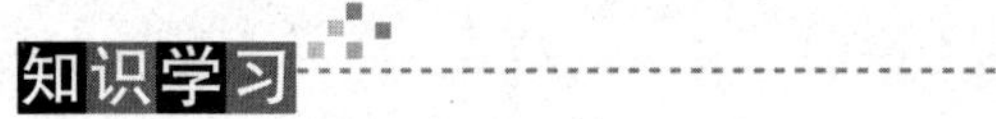

一、订单作业及其作用

订单作业是企业实现顾客服务目标最重要的环节之一，是配送服务质量得以保证的根本。改善订单处理过程，缩短订单处理周期，提高订单满足率和供货的准确率，提供订单处理全程信息跟踪，可大大提高顾客服务水平与顾客满意度，同时降低库存水平和配送总成本，使配送中心获得竞争优势。订单处理要求迅速、准确、服务周到。从订单处理的类型来看，有工业订单、零售订单和消费者订单三种主要格式。订单格式没有统一的标准，表2-1、表2-2、表2-3分别为工业订单、零售订单和消费者订单示例。

表 2-1 工业订单

某公司订单

电话： 传真：

手机： 联系地址：

客户：

系列	品名	规格/m^2	数量/片	立方米/m^3	单价/（元/m^2）（含税）	金额/元
合计						

货款共计：

户主	开户行	卡号	开户行地址

付款方式	
注意事项	
运输方式	
交货期	

注：

表 2-2 零售订单

购方（甲）：

销方（乙）：

用货单位：

年 月 日

品 名	型号规格	单 位	订货数量	单 价	金 额	交货时间		
						年	月	日

金额合计（大写）人民币：

收货人：

收货地址：

邮政编码：

联系电话：

年 月 日

表 2-3 消费者订单

订货单位： （乙方） 地址： 邮编： 电话： 联系人： 传真： 开户行： 账号：			供货单位： （甲方） 地址： 邮编： 电话： 联系人： 传真： 开户行： 账号：		
订单号		产品编号		最终用户	
产品名称		产品总量		采购批次	
交货批次					
生产日期					
交货日期					
交货地点					
单价（元）			合计（元）		
备注					

连锁型便利超市“7－11”每家店铺的大部分空间主要用于销售，货架上的产品必须频繁补货，才能使店铺经营的商品对客户来说方便可得。为应对 7800 家巨大的店铺群集补货，其做法是店铺补货人员在每天规定的时间用便携电子订单录入器读取货架上的商品余量信息，对照库存清单和订货指南，键入所需每种商品的数量信息。该补货信息传输到地区配送中心后，配送中心的电子订单处理系统马上将补货信息转换成发货指令，从而完成频繁的补货作业。“7－11”先进的电子订单处理系统，使其在行业竞争中长期立于不败之地。

订单处理（Order Processing）包括有关客户和订单的资料确认、存货查询和单证处理等活动（《物流中心作业通用规范》CB/T 22126—2008）。详细地指从接到客户订货开始到准备着手拣货为止的作业阶段，对客户订单进行品项数量、交货日期、客户信用度、订单金额、加工包装、订单号码、客户档案、配送货方法和订单资料输出等一系列的技术工作。

订单处理可通过人工或计算机信息处理系统来完成。人工处理比较具有弹性，但只适合少量的订单；而计算机处理不但速度快，而且成本低，差错极少，适合大量的订单。目前主要采取计算机处理模式。

配送中心订单处理模式通常包括订单准备、订单传递、订单登录、按订单供货、订

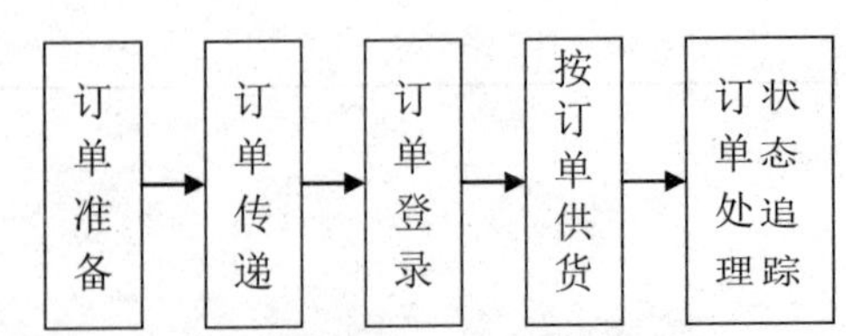

图 2-1 配送中心订单处理模式

单处理状态追踪，如图 2-1 所示。订单处理既是配送中心作业的开端，也是整个信息流作业的起点。订单处理不仅把上下游企业紧密地联系在一起，而且处理输出的各种信息指导着配送中心内部的采购管理、库存管理和储存、拣货、分类集中、流通加工、配货核查、出库配装、送货及货物的交接等各项作业有序高效地展开，实现配送服务的“7R”要求，如图 2-2 所示。

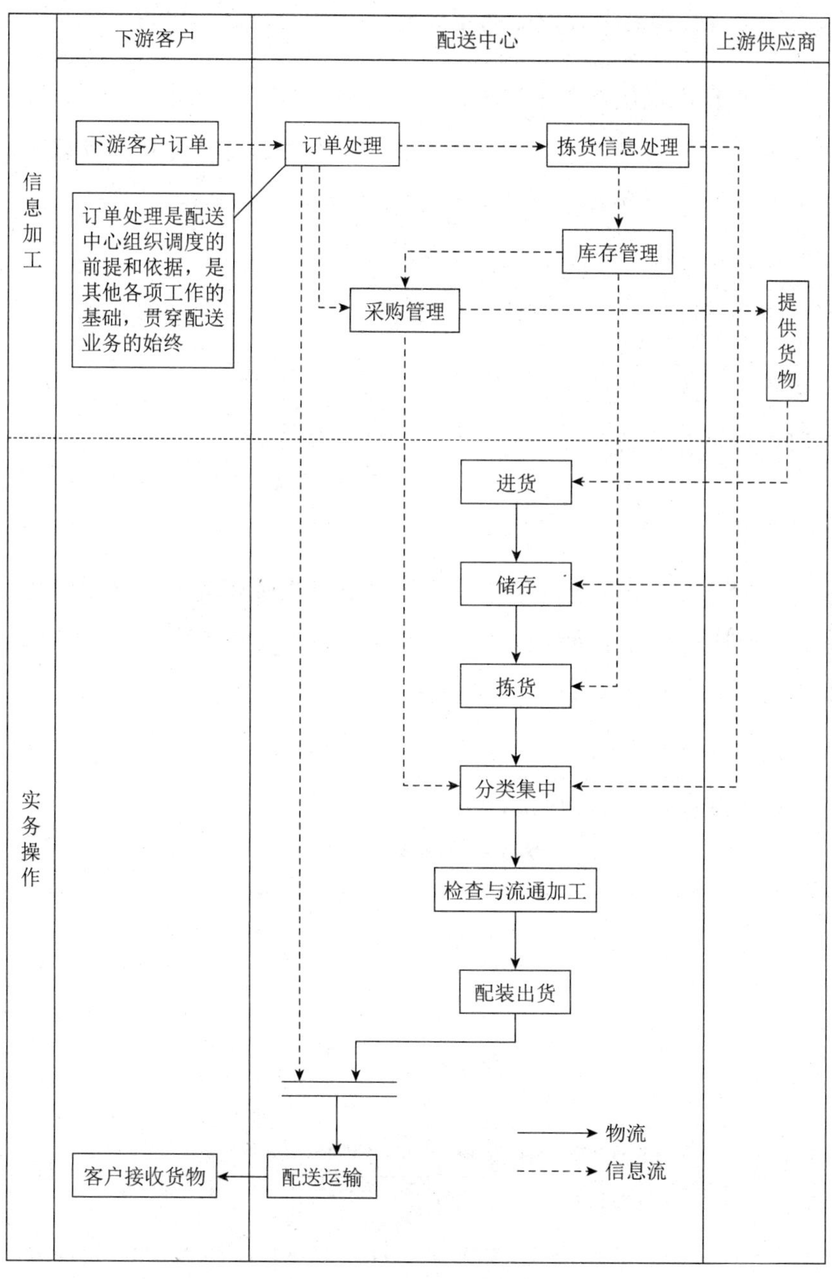

图 2-2　订单处理在配送中的作用

实例

物流中心订单处理

（《物流中心作业通用规范》CB/T 22126－2008）

1. 订单接收程序，包括客户订单接收、传递、确认、建档等；

2. 订单数据处理程序，包括存货查询、存货分配、订单处理数据输出等；

3. 订单作业程序，包括生成作业前的补货单、编制拣货路线图、提出缺货明细单并发出紧急采购指令；

4. 订单状况管理程序，包括订单进度追踪、订单异常变动处理等。

二、订单作业基本流程

1. 接收订货

接收订货为订单处理作业的第一个步骤，随着流通环境及科学技术的发展，接收客户下单的方式也逐渐由传统的人工下单、接单，演变为计算机间直接接收订货信息的电子订货方式。

（1）传统的订货方式

传统的订货方式如表 2-4 所示。

表 2-4　传统的订货方式

订货方式	具体描述
厂商补货	供应商将商品放在车上，一家家去送货，缺多少补多少，周转率较快或新上市的商品较常使用
厂商巡货，隔日送货	供应商派巡货人员前一天先至各客户处寻找需补充的货品，隔天再进行补货
电话口头订货	订货人员将商品名称及数量，以电话方式向厂商订货
传真订货	客户将缺货资料整理成书面资料，利用传真发给厂商
邮寄订货	客户将订货表单邮寄给供应商
业务员跑单	业务员至各客户处推销产品，而后将订单带回或紧急时以电话先联络公司告知客户订单

不管利用上述何种方式订货，都需要记录和建档工作，如图 2-3 所示，完成这些工作需人工输入资料而且经常重复输入、传票重复填写，并且在输入输出过程中经常造成时间耽误及产生错误，造成无谓的浪费。尤其现今的客户更趋向于多品种、小批量、高频度的订货，且要求快速、准确无误地配送。传统的订货方式已逐渐无法应付客户的需求，因而新的订货方式即电子订货应运而生。

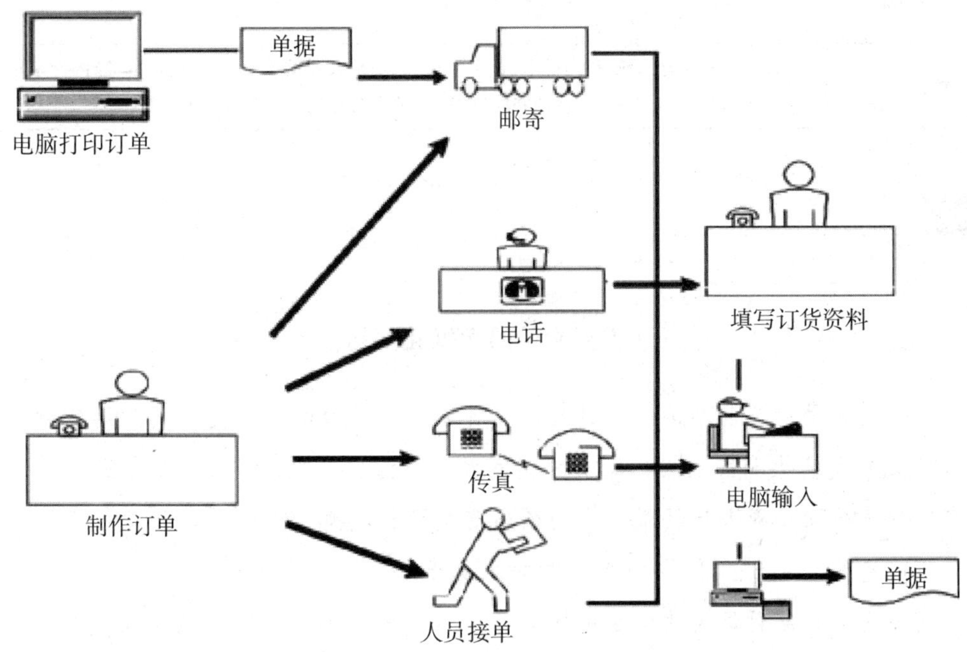

图 2-3　传统的订货方式

(2) 电子订货系统（Electronic Order System，EOS）

电子订货是指通过电子传递方式取代传统的人工书写、输入、传送的订货方式，即将订货资料转为电子资料形式，再由通信网络传送进行订货，此系统即称电子订货系统（不同组织间利用通信网络和终端设备进行订货作业与订货信息交换的系统，见《物流术语》CB/T 18354－2006），其做法通常可分为三种，如表 2-5 所示。

表 2-5　电子订货方式

订货方式	具体描述
订货簿或货架标签配合手持终端机及扫描器	订货人员携带订货簿，手持终端机及扫描器巡视货架，若发现商品缺货，则用扫描器扫描订货簿或货架上的商品标签，再输入订货数量。当所有的订货资料皆输入完毕后，利用数据机将订货资料传给供应商
销售时点系统（Point of Sale，POS）	客户设置安全存量，每当销售一件商品时，计算机自动扣除该商品库存，当库存低于安全存量时，即自动产生订货资料，将此订货资料确认后即可通过信息网络传给供应商
订货应用系统	客户信息系统里若有订单处理系统，可将应用系统产生的订货资料，经由特定软件转换成与供应商约定的共同格式，再在约定时间里将资料传送出去

实例

麦克米兰的无纸化配送

图书配送是一个复杂的物流过程，品种繁多，时效性强。麦克米兰配送服务公司（MDS）是澳大利亚最大的图书分销商之一。为应对快速增长的配送需求，该公司在墨尔本建立了亚太地区最先进的图书配送设施，将先进的订单处理技术与定制开发的信息管理系统及集成的无线数据网络集成，在整个运作中实现了无纸化拣选。该公司为物流量最大的产品选择电子标签技术，为中等速度的货品选择 RF 定向播种式拣选车，为物流量最小的货品选择 RF 和集中拣选。

MDS 的订单处理系统建立了每本图书的书名、位置、数量、质量和尺寸等全面信息，利用这些信息，能确定每个订单所需的纸箱类型、数量及计重。订单可在仓库的任何位置分散导入，并自动跨区导向至需要拣选的区域。一旦订单被导入至某个拣选区，拣选员通过分区面板、电子标签显示器或 RF 终端接收指令，拣书装箱后，自动输送机会对其进行输送和分拣，准备发货，同时还自动生成票据和 ASN。

2. 订单确认

（1）货物数量及日期的确认

订单资料需要进行基本检查，尤其当要求的送货时间有误（见图 2-4）或出货时间延迟时，更需要再与客户确认订单内容或更正期望运送的时间。若采用电子订货方式接单，也需对已接受的订货资料加以检验确认。

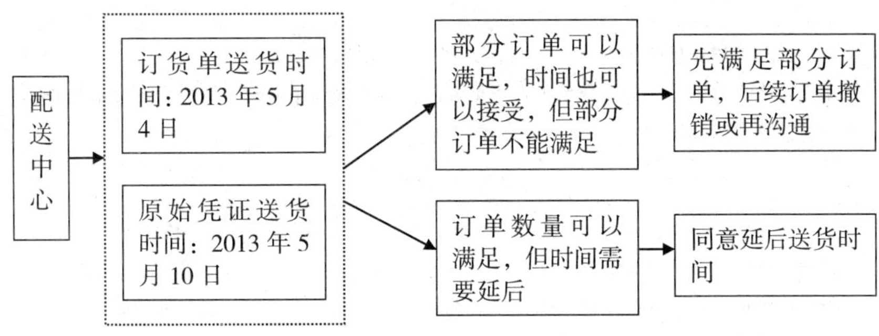

图 2-4　送货时间有误的确认

（2）确认客户信用

查核客户的财务状况，确定其是否有能力支付该件订单的账款，其做法多是检查客户的应收账款是否已超过其信用额度。可通过输入客户代号（名称）、订购货品资料两种途径进行查询，如图 2-5 所示。

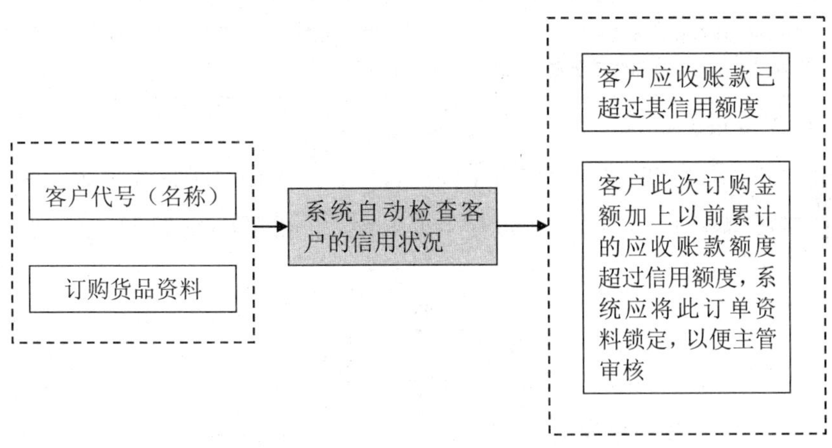

图 2-5　客户信用的确认

（3）确认订单形态

配送中心面对众多的交易对象，由于客户的不同需求，其做法也有所不同，反映到接受订单的业务上，表现为具有多种订单的交易形态，所以，应对不同的客户，应采取不同的交易及处理方式。如表 2-6 所示。

表 2-6

一般交易订单
交易形态：接单后按正常作业程序拣货、出货、配送、收款结账的订单 处理方式：接单后，将资料输入订单处理系统，按正常的订单处理程序处理，资料处理完后进行拣货、出货、配送、收款结账等作业
现销式交易订单
交易形态：与客户当场直接交易、直接给货的交易订单。如业务员到客户处巡货，补货所得的交易订单或客户直接到配送中心取货的交易订单 处理方式：接单后，将资料输入订单处理系统，按正常的订单处理程序处理，资料处理完后进行拣货、出货、配送、收款结账等作业
间接交易订单
交易形态：客户向配送中心订货，但由供应商直接配送给客户的交易订单 处理方式：接单后，将客户的出货资料传给供应商由其代配。客户的送货单是自行制作或委托供应商制作的，应对出货资料（送货单回联）加以核对确认
合约式交易订单
交易形态：与客户签订配送契约的交易。如签订在某期间内准时配送某数量的商品 处理方式：约定送货日到时，将该资料输入处理系统，以便出货配送；或一开始输入合约内容并设定各批次送货时间，在约定日到时系统自动处理

（4）订单价格的确认

不同客户、不同订购量，可能有不同的售价，输入价格时系统应加以核对。若输入的价格不符，系统应加以锁定，以便主管审核。价格确认流程图如图 2-6 所示。

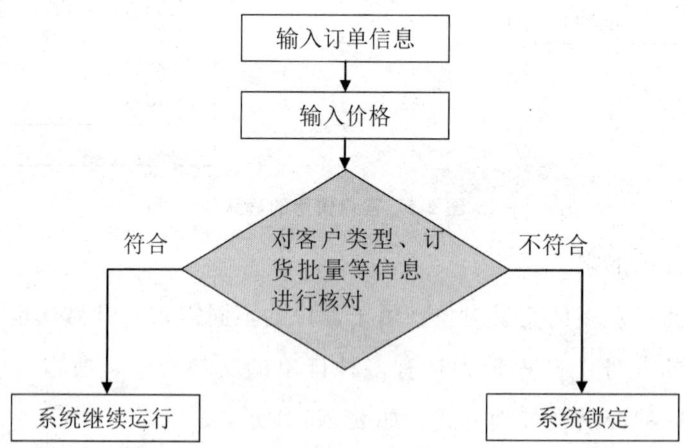

图 2-6 价格确认流程图

（5）加工包装的确认

客户对于订购的商品是否有特殊包装、分装或贴标签等要求，或是有关赠品的包装等资料都需要加以确认和记录。包装确认流程图如图 2-7 所示。

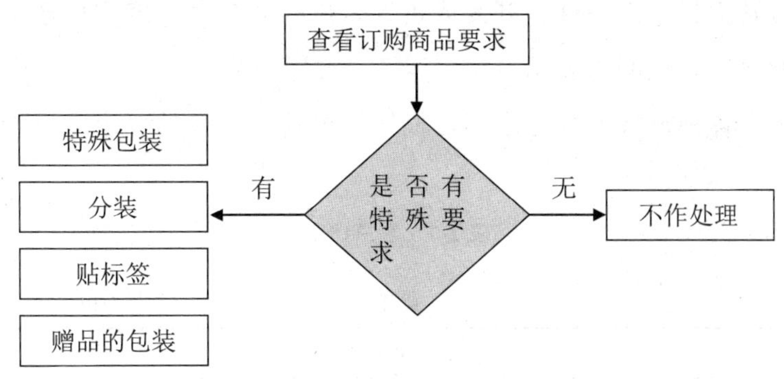

图 2-7　包装确认流程图

3. 设定订单号码

每一份订单都要有单独的订单号码，此号码一般由控制单位或成本单位来制订，它除了便于计算成本外，还有利于制造、配送等一切相关的工作。所有工作的说明及进度报告等都应有此号码。

提示板

减缓高峰订单拥挤订单确认作业平均化的方法

1. 截止订货时间：在订货截止时间的前一小时通常会出现大量订单，为避免这种巨额的订单在某一时刻涌入，可将客户分类，每类客户分别设定其订货截止时间，以分散高峰订货量。

2. 账款结算日：结算日的后一天常有大量订单出现，可设定多种结算日期，以分散高峰时段的拥挤。

3. 节日或假日：节日或假日的前后时间通常亦是订货量较多的时段，不过这种因季节性或因消费者需求引起的高峰订货量较不易控制，只能由人员调用或系统功能加强来加以调控。

4. 建立客户档案

将客户状况详细记录，不但有益于当次交易的顺利进行，而且有益于以后合作机会的增加。客户档案的内容包括：客户的姓名、代号、等级形态；客户信用度；客户销售付款及折扣率的条件；开发或负责客户的业务员；客户收账地址；客户点配送的路径顺序；客户配送要求等。

客户档案有各种形式，配送中心可根据订单处理系统的要求自行设计，示例如表 2-7 所示。

表 2-7　客户档案

编制日期：　　　　片区：　　　　新客户标志：　　　　业务员：

客户全称：		客户编号：	
		单位详细地址：	
法人代表：		联系电话：	
订（供）货负责人：		联系电话：	
送货地址：			
送货车辆形态：			
客户点卸货特性：			
客户配送要求：			
客户销售付款：		折扣率的条件：	
过期订单的处理方式：			
其他说明：			
企业规模		注册类型	
单位类别		隶属关系	
上年固定资产值		上年总产值	
潜在购力			
往年信用情况说明			
今年信用完成能力分析			
受信等级	□一级　□二级　□三级　□四级　□五级		
上年销售情况：		上年贷款回笼情况：	
本年销售计划：		本年回笼计划：	
与我公司合作历史：			
主要竞争对手：			
本年销售采取的方案说明：			
备注：			

5. 存货分配

（1）存货查询

确认是否有库存能够满足客户的需求，又称“事先拣货”。存货档案的资料一般包括货品名称、代码、产品描述、库存量、已分配存货、有效存货及期望进货时间。查询存货档案资料，应看此商品是否缺货，若缺货，则应提供商品资料或是此缺货商品是否已经采购但未入库等信息，以便于接单人员与客户协调是否改订其他替代品或是允许延后出货等权宜的办法，以提高人员的接单率及接单处理效率，如图 2-8 所示。

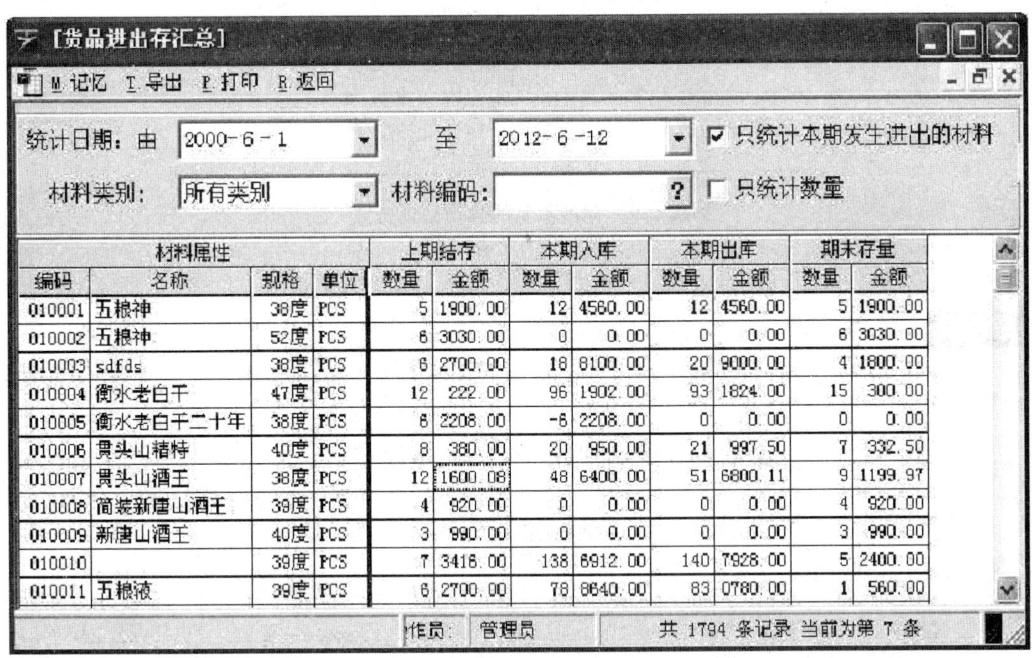

材料属性				上期结存		本期入库		本期出库		期末存量	
编码	名称	规格	单位	数量	金额	数量	金额	数量	金额	数量	金额
010001	五粮神	38度	PCS	5	1900.00	12	4560.00	12	4560.00	5	1900.00
010002	五粮神	52度	PCS	6	3030.00	0	0.00	0	0.00	6	3030.00
010003	sdfds	38度	PCS	6	2700.00	18	8100.00	20	9000.00	4	1800.00
010004	衡水老白干	47度	PCS	12	222.00	96	1902.00	93	1824.00	15	300.00
010005	衡水老白干二十年	38度	PCS	6	2208.00	-6	2208.00	0	0.00	0	0.00
010006	贯头山精特	40度	PCS	8	380.00	20	950.00	21	997.50	7	332.50
010007	贯头山酒王	38度	PCS	12	1600.08	48	6400.00	51	6800.11	9	1199.97
010008	简装新唐山酒王	39度	PCS	4	920.00	0	0.00	0	0.00	4	920.00
010009	新唐山酒王	40度	PCS	3	990.00	0	0.00	0	0.00	3	990.00
010010		39度	PCS	7	3416.00	138	6912.00	140	7928.00	5	2400.00
010011	五粮液	39度	PCS	6	2700.00	78	8640.00	83	0780.00	1	560.00

图 2-8　存货查询图

（2）存货分配

订单资料输入系统，确认无误后，最主要的处理作业在于如何将大量的订货资料作最有效的汇总分类、调拨库存，以便后续的物流作业能有效地进行。存货分配的两种模式如下。

①单一订单分配。此种情况多为线上即时分配，即在输入订单资料时，就将存货分配给该订单。

②批次分配。输入所有的订单资料后，一次分配库存。配送中心因订单数量多、客户类型等级多，且多为每天固定配送的次数，因此，通常采行批次分配以确

保库存能作最佳的分配。

（3）存货分配后不足的异动处理

如果现有的存货数量无法满足客户的需求，且客户又不愿以替代品替代时，则依如图 2-9 所示的方式处理。

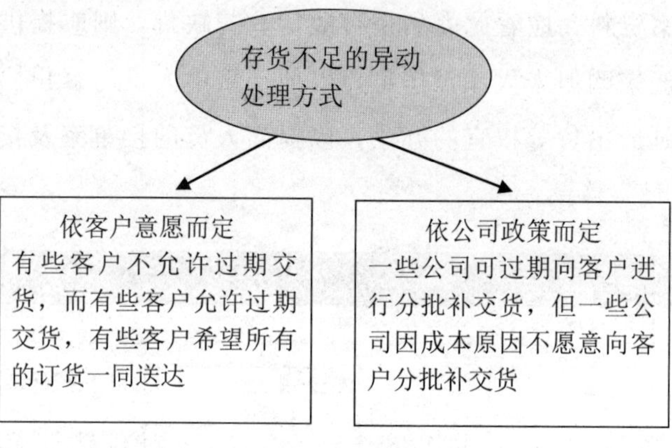

图 2-9　存货不足的异动处理方式

提示板

订单处理应遵循的基本原则

1. 尽量缩短订单处理周期，以提高用户的满意程度；
2. 要使客户产生信任；
3. 减少缺货现象；
4. 提供紧急订货；
5. 不忽略小客户；
6. 装配要完整；
7. 提供对客户有利的包装；
8. 随时提供订单处理的情况。

实例

淘宝网订单处理流程

淘宝网某些产品的订单处理流程如图 2-10 所示，卖家接到订单备货到配送中心，或者订单自动流转到配送中心，直接由配送中心发货，之后配送中心进行理货、拣货、配货、包装等流程，再由快递公司上门集中取货，送交订购者手中。

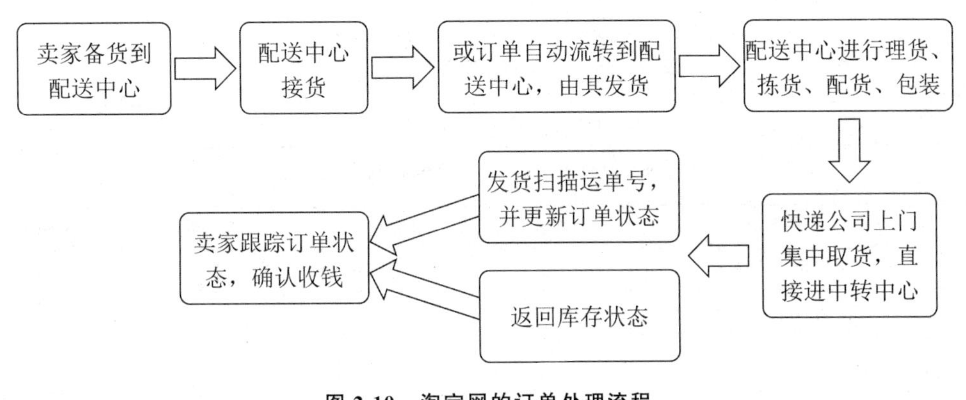

图 2-10　淘宝网的订单处理流程

实践训练

客户订单的设计

1. 实训情景

鼎先商贸有限公司的客户档案如表 2-8 所示，鼎先商贸有限公司的订货产品信息如表 2-7 所示。鼎先商贸有限公司准备向某配送中心订货，但手头无订单，需设计订单。

表 2-8　客户档案

客户编号	20090809						
公司名称	鼎先商贸有限公司	代码	DS				
法人代表	周美华	家庭地址	杭州市拱墅区湖州街紫荆花园 4-201	联系方式	83415468		
证件类型	营业执照	证件编号	58966324770041	营销区域	拱墅区		
公司地址	杭州市拱墅区东新路 107 号	邮编	310016	联系人	王志刚		
办公电话	89912861	家庭电话	83415468	传真号码	89912880		
开户银行	中国农业银行德胜支行	银行账号	1574784563131450				
公司性质	国有	所属行业	商业	注册资金	400 万	经营范围	服装、食品、办公用品
信用额度	15 万元	忠诚度	一般	满意度	一般	应收账款	13 万元
客户类型	普通型	客户级别	B				
建档时间	2009 年 8 月	维护时间	2012 年 3 月				

表 2-9　鼎先商贸有限公司的订货产品信息

	商品名称	单位	单价（元）	订购数量	金额
1	好娃娃薯片	箱	196.00	7	1372
2	诚诚油炸花生仁	箱	172.00	10	1720
3	旺旺饼干	箱	486.00	3	1458
4	雪碧	瓶/支	3.00	15	45
5	椰树椰汁	瓶/支	4.00	15	60
	合计				4655

2. 实训目标

（1）制作订单；

（2）需求品种的数量及日期的确认；

（3）订货价格的确认；

（4）设定订单号码。

3. 实训准备

（1）模拟实训室一间，能容纳 50 个人，多媒体投影仪 1 台，屏幕 1 个，白板 1 个。

（2）对学生进行分组，每组订单制作人员 1 人、订单审核人员 1 人、主管 1 人。

（3）实训用资料表若干、笔、计算器、传真机、电话等。

（4）按照步骤完成实训，教师可根据需要给出相应的数据和人员信息。

4. 工作步骤

（1）根据任务资料制作订单；

（2）确认订单中货品品名、数量、送货日期等内容；

（3）订货价格的确认；

（4）设定订单号码（订单号码设定的规则如下：ASDG——配送中心的名字；201301721——接到订单的年月日；0020——一天中接到第 20 笔订单）。

5. 实训评价

学生根据客户订单设计实训，记录实训中出现的问题和未能完成实训的影响因素，归纳出客户订单设计中需要注意的事项，形成书面的实训报告。客户订单设计评分表如表 2-10 所示。

教师对各组训练完成情况进行点评。

表 2-10　客户订单设计评分表

<table>
<tr><td>考评人</td><td></td><td>被考评人</td><td colspan="2"></td></tr>
<tr><td>考评地点</td><td colspan="4"></td></tr>
<tr><td>考评内容</td><td colspan="4">客户订单的设计</td></tr>
<tr><td rowspan="5">考评标准</td><td colspan="2">具体内容</td><td>分值</td><td>实际得分</td></tr>
<tr><td colspan="2">在规定时间内完成操作</td><td>10</td><td></td></tr>
<tr><td colspan="2">订单设计的正确性</td><td>10</td><td></td></tr>
<tr><td colspan="2">订单的有效性</td><td>25</td><td></td></tr>
<tr><td colspan="2">订单设计的合理性</td><td>55</td><td></td></tr>
<tr><td colspan="3">合　　计</td><td>100</td><td></td></tr>
</table>

注：考评满分为 100 分，60～74 分为及格，75～84 分为良好，85 分及以上为优秀。

任务二　订单作业优化

知识学习

一、订单过程要素管理

配送企业的整个订单处理过程包含了客户订货周期中的诸多活动。

从宏观层面来看，包括订单准备、订单传输、订单录入、订单履行、订单状态报告五大块，涉及的要素如图 2-11 所示。

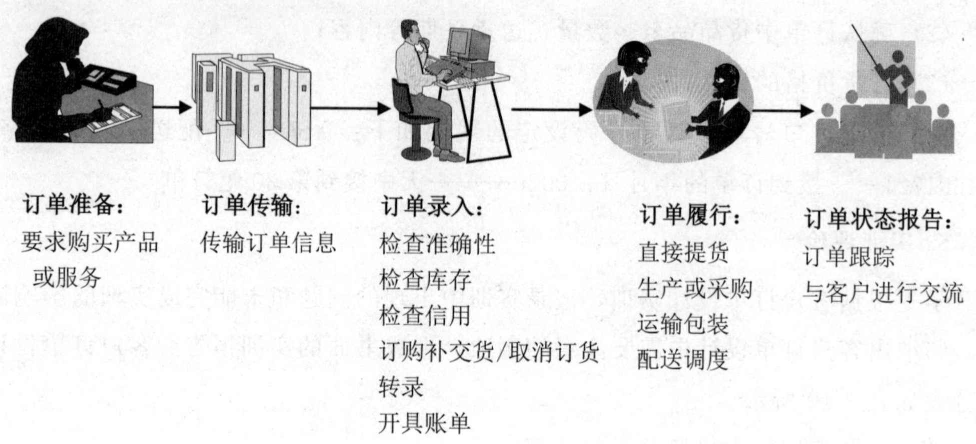

图 2-11 订单处理过程涉及的要素

从具体作业层面而言，订单作业管理是对从接到客户订单到着手准备拣货之间的作业阶段，即对订货处理阶段涉及的作业活动进行微观管理。简而言之，就是对接受订货、订单确认、设定订单号码、建立客户档案、存货分配等环节进行管理。

1. 宏观层面的订单管理要素

（1）订单准备

订单准备是指企业搜集所需产品或服务的必要信息，从而正式提出购买要求的各项活动。其具体工作内容包括选择合适的供应商，由客户或销售人员填写订单，决定库存的可得率，与销售人员打电话通报订单信息，等等。

实例

Lotsafood 公司的订单处理

Lotsafood 公司成立于 1986 年，向美国东部几个州的批发商供应罐装蔬菜、水果、调味品以及其他特殊商品等多达 100 种的货物。该公司建立了一套改进对批发商服务的质量以及提高公司销售人员效率的方案，这一方案的目标是把销售人员从接收订单中解放出来，按预订计划接收批发商的订单。公司的销售人员不再处理客户订单，以前，销售人员将订单积累起来，一直积累到较大数量时才发往总部。按照新方案，批发商可按定好的计划，直接用电子邮件向公司总部发订单，如果错过定好的日期，批发商只能等待下一次机会。这一方案旨在增加销售人员所能联系客户的数量。通过取消准备订单的需要，公司希望销售人员把更多的时间花在销售模式和促销的努力上。

但是，新方案在实施当中，许多批发商没有能按预定计划行事，他们对别人何时要他们发订单这一点并不习惯，一些批发商对这一缺乏灵活性的严密管理持反对态度；而另一些批发商一直依赖销售人员来决定他们需要订货什么，觉得新的体系反而使问题更加复杂化。

如果订单未按计划到达公司总部，批发商不得不等待两个星期。出现货物脱销时，受影响的批发商会失去销售 Lotsafood 公司 20%～50%产品的机会，但只有 Lotsafood 公司从中受害，因为批发商和零售商手中有好几个供货来源，当他们脱销了这个公司的产品时，他们就转而销售其他品牌的产品。

Lotsafood 公司没有设专门的运输部门，过去，公司 3 个销售人员安排运输事宜。当订单积累到 30000 磅（大约一满卡车的量）时，他们就将订单发往公司总部以便运输。为某个紧急的批发商快运时，一地的销售人员会将另一地销售人员手中的订单拼凑起来。新的做法意味着公司总部将依照固定的计划运输，即使订单总量不足 30000 磅，也会为批发商安排运输。

（2）订单传输

传送订单信息是订单处理过程中的第二道工序，设计订货请求从发出地点到订单录入地点的传输过程。订单传输可以通过，人工方式和电子方式两种方式完成。

（3）订单录入

订单录入是指配送企业在订单实际履行前所进行的各项工作（见图 2-12）。

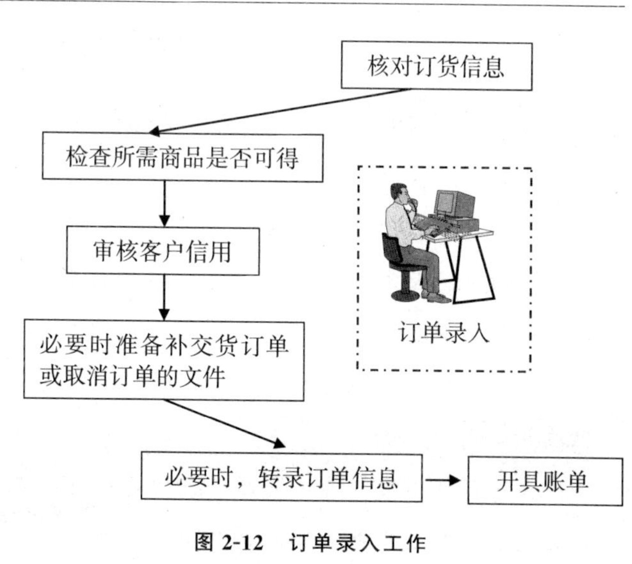

图 2-12　订单录入工作

进行上述工作是必需的，因为订货请求所包含的信息往往与要求的格式不符，若不作进一步处理，其结果可能表述不够准确，也可能在交给订单履行部门执行之前还需要做一些额外的准备工作。

（4）订单履行

订单履行活动组成如图 2-13 所示，包括：通过提取存货、生成或采购来获取所订购的货物；对货物进行运输包装；安排送货；准备运输单证。其中有些活动可能会与订单录入同时进行，以缩短订单处理时间。

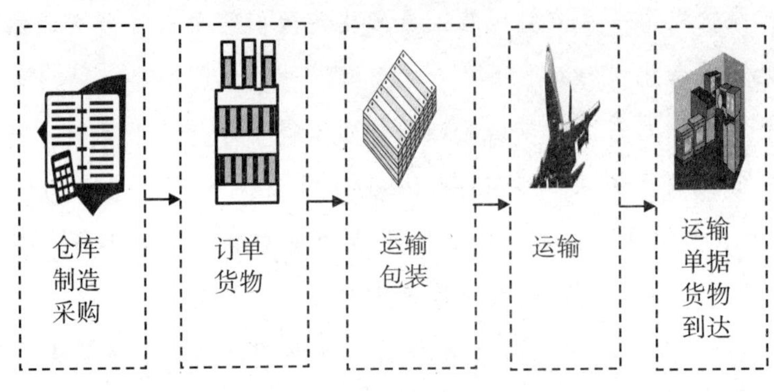

图 2-13　订单履行活动组成

实例

海尔的配送供应链

2010 年 6 月 19 日下午，一辆装满海尔空调的厢式货车驶出海尔亦庄物流中心的大门，开到 8 公里以外旧宫的海尔专卖店去卸货。

这辆 6 米长的大卡车上没有任何海尔标识，司机苗师傅和他雇用的一个司机负责运输和搬运。苗师傅原本是一位个体运输老板，靠花 10 万元买的这辆货车养家糊口。一年前加盟海尔后，只要他每天能完成海尔的任务，每月就能拿到 9300 元的配送费，虽然刨掉油费和副手的工资之后所剩不多，但是这份收入比他原来在路边拉活儿要强。

在大货车开出海尔亦庄仓库的同时，海尔物流北京配送中心的刘经理就能在办公室的电脑屏幕上看到的车实时位置。此时，电脑上有大约 40 个小红点在北京郊区的道路上闪烁。而在青岛海尔物流上总监的电脑上，类似苗师傅这样的小红点，每天最少也有 10000 个在移动。

最繁忙的时候，同时跑在路上的加盟车辆多达1.6万台，它们没有一辆真正属于海尔公司，但却都在为这家公司提供服务。经过海尔物流信息系统的联结，这支队伍组成了中国家电物流行业最大的一条配送供应链，海尔位于链主的位置，掌控整个运输队，它在中国共拥有42个类似于亦庄的物流基地。

在过去的二十多年里，这家青岛当地的冰箱制造小厂迅速膨胀为国内最大的家电制造企业，2009年，海尔销售额达到1220亿元人民币，在全国各个级别市场总共拥有超过4万个销售终端。而庞大的销售额和广泛的网点布局同时意味着巨大的运输量，也意味着复杂的配送体系，这令海尔物流成为家电行业订单最多、配送情况最复杂的供应链管理者。

对青岛海尔王总监而言，集团每年巨大的销售额形成的三百多万份物流订单，是海尔物流最大的靠山，庞大的配送规模令海尔物流能最大程度地压缩成本，让分摊到每一件海尔产品的运输成本并不高于同行。

海尔物流的低成本建立在外包运输给苗师傅这样的个体户的基础之上。如果自己拉活儿，运气好时能拉几单长途货物，挣个上万元。但一旦活儿接不上，车就要闲下来，这时，汽车的折旧、每天的保险、司机的工资都会令车主犯愁。而海尔最吸引他们的是源源不断的配送订单。“平均起来还是做加盟司机收入更多、更稳定，但就是搬运太累，再干几年可能就搬不动那么重的空调了。”苗师傅说。

在整个家电物流行业，整合个体运输司机是最通用的降低物流成本的手段。对海尔物流来说，如果不把订单外包给个体运输老板，物流投入将高到公司无法想象和控制的地步——即使是全国只养一万辆运输车，每台车十万元，一次性投入在车上的固定资产支出就要十个亿，一台车最少需要两个司机，这就是两万人的队伍，两万人的工资和保险等，都是巨大的开支。“这个行业要是自己养车队、养人，肯定是死路一条。”王总监说。

为了让这个运输队伍以统一的形象面对客户，海尔建立了一套培训和激励体系来管理这些松散的货车司机，让他们在对客户提供物流服务时达到海尔的要求。

“给专卖店老板送货时，这些老板可不会管送货的是不是海尔的正式员工，如果配送不及时，服务不够好，他们就会认为是海尔的问题。”刘经理说。因此，每个加盟海尔的司机在与海尔物流签订合同后都会接受一周多的培训，主要是服务标准培训。同时，海尔有一套完善的客户调查体系，保证客户对每个司机的服务质量进行监督。例如，在北京的这些司机中，被分为“金牌司机”“银牌司机”“铜牌司机”三类，准时送达率最高、客户投诉率最低的司机将被授予“金牌司机”称号，每年会被送到总部青岛培训，在收入上也更高。

人们能在海尔的整个售后服务体系中见到类似的外包做法。从2009年起，海尔就在从制造业向服务业转型。给海尔从事电器售后服务的大部分都是加盟的电器维修个体户。付师傅是青岛市崂山区一家海尔社区店的老板，他给海尔干过多年的售后维修加盟，并给每个上门服务人员进行了服务标准培训。举例来说，每次服务完后，海尔的400客服系统会让顾客对上门人员的服务质量打分，海尔会额外付给上门人员8元钱的奖励，大家当然尽量想办法让消费者评价“非常满意”了。

在订单履行过程中，优先权法则包括如图2-14所示的几个方面。

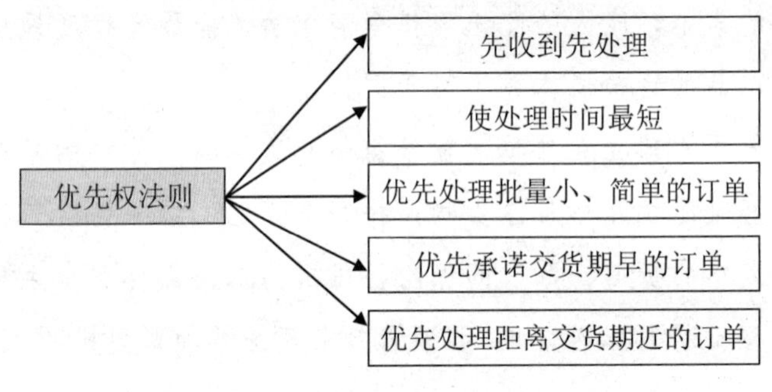

图2-14　优先权法则

（5）订单状态报告

订单处理过程的最后环节，是通过不断地向客户报告订单处理过程中或货物交付过程中的延迟，确保优质的客户服务，如图2-15所示。这是一种监控活动，一般不会影响到处理订单的时间。

2. 微观层面的订单管理要素

（1）接受订货

接受订货阶段涉及与客户沟通，将客户的订货信息转化为配送企业的物流信息，因此，该阶段的作业管理人员必须对配送中涉及的术语、工作权限、流程等了然于心（图2-17所示）。

（2）订单确认

订单上的订货资料已经输入系统，而且所有需要确认的条件都已经核查处理完毕，则此订货资料即为配送中心已接受的客户的出货资料，其中要包括物品项目、

图 2-15　订单跟踪

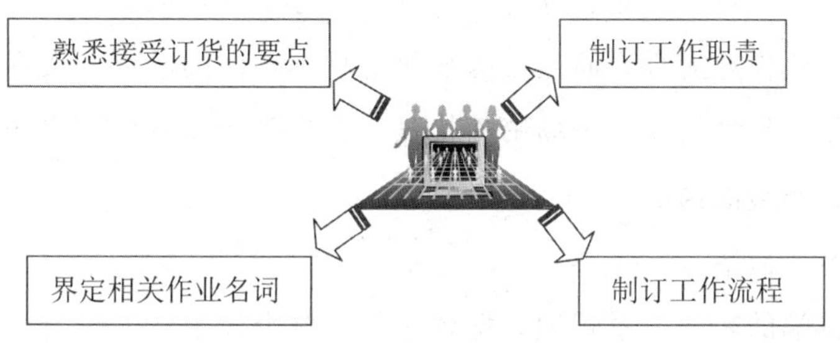

图 2-16　接受订货

数量、单价、交易配送条件等，配送中心要以此资料作为出货依据，并尽可能地按照约定的条件完成出货。

当输入的项目发生错误时，一定要停止当前的处理，改正相应的错误，必须对每一项订单作出完结的处理，不能影响下面的工作。

知识链接

改善订单处理的技巧

1. 提高订单履行的准确度。如果能够准确无误地完成客户订单的处理周期而不产生任何错误，那么订单处理的时间是最短的。因此要尽量减少出错的几率。

2. 合理分配订单处理的先后顺序。从企业的发展角度出发，把有限的时间、生产能力及人力资源配置到最有利可图的订单上，享有优先级的订单被优先处理，而其他订单则稍后进行处理。

3. 灵活选择订单处理的方法。把订单收集成组批处理，可降低处理成本；将几个小订单集中组成较大的运输批量，可降低运输成本。但这些都会延长订单处理时间。因此，在减少处理成本与运输成本的同时，要进行综合平衡。

（3）设定订单号码

订单号码具有预算、计划、分析和期末处理等功能，因此。合理地编制订单号码，不仅可以简化作业流程，而且可以强化对具体工作的监督。微观层面上可以分析：物品销售量、每种物流的市场销售状况、客户等级、每位客户的订货特点、订单处理过程中各环节的情况。

（4）建立客户档案

通过高效科学的客户关系管理，把企业的注意力集中在客户身上，能够使企业最大限度地利用其以客户为中心的资源，从而提高客户的满意度、忠诚度，提供企业的盈利能力。除一般性的客户资料外，与物流有关或在订单处理中需用到的特殊资料也应该包括在内，如图 2-17 所示。

（5）存货分配

随时要配好货，按照客户订单分配好。

二、订单作业的处理改善

从客户角度看，不仅仅是产品或服务本身，更重要的是获得价值，感到满意。订货提前期的稳定性与时间长短、送货的准确性、订单处理状态跟踪等因素是实现

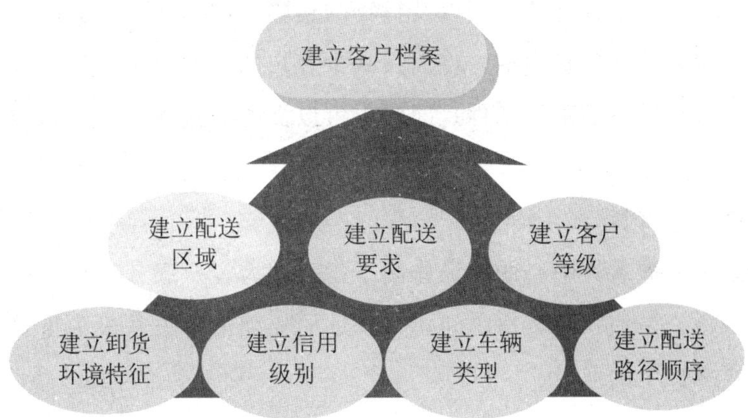

图 2-17　建立客户档案

价值与客户满意的重要保证。

整个订单处理过程的众多要素都可能会影响订单处理时间，因此，掌握影响订单处理时间的因素，从而采取相应的措施，能够明显提高订单处理的效率和客户服务水平。常见的影响因素如图 2-18 所示。

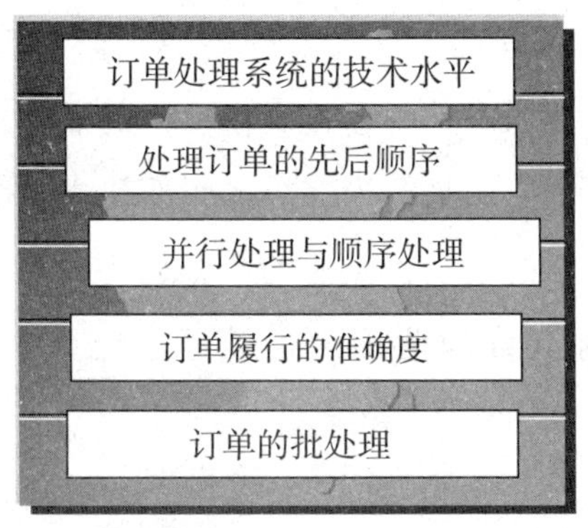

图 2-18　影响订单处理时间的因素

1. 订单处理过程中应遵循的基本原则

（1）要使客户产生信赖感

客户订货的基础是产生信赖感。订单处理人员每次接到订单后在处理过程中都要认识到，如果这次处理不当，将会影响客户的下次订货情况，尤其是重要的客户。因此，应通过订单处理与客户建立起良好的关系。

（2）尽量缩短订货周期，提高用户的满意程度

订货周期是指从发出订单到收到货物所需的全部时间，订货周期的长短取决于

订单传递的时间、订单处理的时间以及货物的运输时间。这三方面的安排都是订单处理的内容。尽量缩短订货周期，将大大减少客户的时间成本，提高客户的让渡价值，这是保证客户满意的重要条件。同时也可以提高配送中心的运行效率，增加配送中心的效益。

(3) 提供紧急订货

在目前以客户需求为中心的市场体制下，强调为客户服务，在特殊情况下提供客户的急需服务，是加强与客户之间建立长远的相互依赖关系极为重要的手段，能够提高企业在客户中的形象。

(4) 减少缺货现象

保持客户连续订货的关键之一便是减少缺货情况的发生，一旦发生缺货，将影响到客户的整个生产安排，后果极为严重。此外，缺货现象是客户转向其他供货来源的主要原因，企业要想尽量地扩大市场，保持充足的供货是一个必要的前提条件。

(5) 不忽略小客户

小客户的订货虽少，但也是大批买卖的前驱，而且大客户也有要小批量的时候。对小客户的订单处理得当时，将会提高小客户的满意度，可能带来其以后的大批量订购或持续订购。最重要的是，当客户与企业建立了稳定信任的供销关系，将为以后的继续订购打下良好的基础，企业的声誉也将因为大小客户的传播而树立起来。因此，要在成本目标允许的范围内，尽量作出令小批量购买的客户满意的安排。

(6) 装配力求完整

企业所提供的货物应尽量做到装配完整，应以便于客户使用为原则。实在办不到时，也应采取便于客户自行装配的措施，如适当的说明及图示等，或通过网上进行技术支持。

(7) 提供对客户有利的包装

针对不同客户的货物应采取不同的包装，有些零售货物，包装要适于在货架上摆放，有些要适于经销商及厂商开展促销活动，应以便于客户处理为原则。

(8) 要随时提供订单处理的情况

物流部门要使客户能够随时了解配货发运的进程，以便预计何时到货，便于安排使用或销售。这方面的信息是巩固客户关系的重要手段，也利于企业本身的工作检查。在暂时缺货的情况下，物流部门应主动及时地告诉客户有关情况，作出适当的道歉与赔偿，以减少客户的焦虑和不安。

2. 改善的关键因素

改善订单处理过程的动因主要来自顾客角度和企业角度两个方面。如图 2-19 所示，主要考虑四方面的要素。

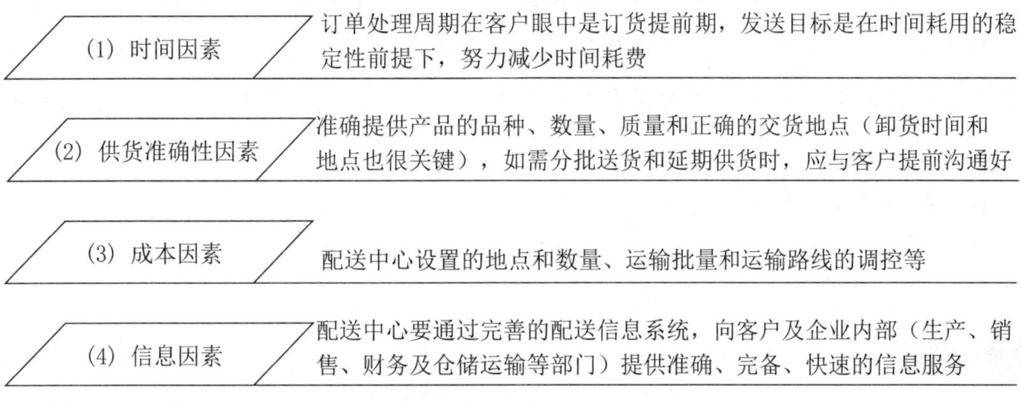
(1) 时间因素
订单处理周期在客户眼中是订货提前期，发送目标是在时间耗用的稳定性前提下，努力减少时间耗费
(2) 供货准确性因素
准确提供产品的品种、数量、质量和正确的交货地点（卸货时间和地点也很关键），如需分批送货和延期供货时，应与客户提前沟通好
(3) 成本因素
配送中心设置的地点和数量、运输批量和运输路线的调控等
(4) 信息因素
配送中心要通过完善的配送信息系统，向客户及企业内部（生产、销售、财务及仓储运输等部门）提供准确、完备、快速的信息服务

图 2-19　订单处理过程中涉及改善的关键因素

实例

海烟物流配送

为适应上海商业结构调整，发挥上海商业中心城市的作用，积极应对加入世界贸易组织和国内外市场竞争，上海烟草（集团）公司、上海市烟糖集团、上海捷强集团及上海市各区县烟草糖酒有限公司等 22 家企业共同投资成立了上海海烟物流发展有限公司（以下简称“海烟物流”）。作为第三方物流，它以集约化经营为目标，通过整合上海烟草业和糖酒业的优势资源，实施统一配送，打造高速、有效的商业服务体系。同时，通过建立采购中心、物流中心、商业信息中心、品牌营销中心，逐步形成一个集现代物流、流通加工、商品销售、品牌代理为一体的物流企业。成立海烟物流也是上海烟草集团实现商业集约经营、提高综合竞争力的重大举措，是做精做强企业，实现“国内一流，国际先进”目标的战略性部署。

“国内一流、国际先进”在海烟物流正式运行的第一季度，公司实现了商品销售开门红。第一季度卷烟销售额达 8.22 亿元，完成年度销售计划的 24.91%；销售毛利1.26亿元，完成全年计划的30%；糖酒销售完成5.43亿元，完成全年计划的36%；实现毛利2067万元，完成年度计划的37.5%。展望前景，海烟物流将继续围绕年度方针目标，深入贯彻管理优化工作，立足于“国内一流、国际先进”标准，立足于企业各项长效机制的建立，致力于建立面向客户的低成本、高效率配送中心。在物流管理上，将进一步细化各个环节的成本，降低物流成本，提高送货服务质量。在糖酒经营上，将更加关注集团客户需求与自身经营特长的结合点，提高对集团客户的贡献度，扩大经营商品规模。在卷烟经营上，将立足于成为一个对集团大客户的服务中心，加强对大客户的服务与控制，重视销售分析工作。在企业管理基础建设上，要做到扎实到位，加强对员工的培训，提高人员素质，全面推进企业各项基础工作的标准化建设。

订单的决策与处理

1. 实训情景

目前是销售旺季，客户和订单信息如表2-11、表2-12、表2-13、表2-14、表2-15、表2-16、表2-17所示，希望根据库存水平，优先满足重要的客户，完成库存分配。

表2-11　客户档案一

客户编号	客户档案一							
公司名称	华伟商贸有限公司					代码	HW	
法人代表	黄庆	家庭地址	杭州市西湖区高技街翠苑四区4—301				联系方式	87535678
证件类型	营业执照	证件编号	120109278362905				营销区域	杭州市区
公司地址	杭州市西湖区文一路129号				邮编	310010	联系人	刘鹏
办公电话	87530864			家庭电话	83520573		传真号码	87530865
开户银行	杭州联合银行				银行账号	62839047352		
公司性质	中外合资		所属行业	商业	注册资金	200万	经营范围	食品、办公用品
信用额度	8万元		忠诚度	一般	满意度	较高	应收账款	4.8万元
客户类型	普通型			客户级别	B			
建档时间	2003年4月			维护时间	2012年2月			

表 2-12　客户档案二

<table>
<tr><td>客户编号</td><td colspan="8">客户档案二</td></tr>
<tr><td>公司名称</td><td colspan="5">惠民超市</td><td>代码</td><td colspan="2">HM</td></tr>
<tr><td>法人代表</td><td>何锡文</td><td>家庭地址</td><td colspan="4">杭州市江干区定海路百年家园 3—301</td><td>联系方式</td><td>83438679</td></tr>
<tr><td>证件类型</td><td>营业执照</td><td>证件编号</td><td colspan="4">120103789346338</td><td>营销区域</td><td>华东地区</td></tr>
<tr><td>公司地址</td><td colspan="4">杭州市江干区庆春东路 193 号</td><td>邮编</td><td>310014</td><td>联系人</td><td>易继培</td></tr>
<tr><td>办公电话</td><td colspan="3">82641893</td><td>家庭电话</td><td colspan="2">87827463</td><td>传真号码</td><td>82641890</td></tr>
<tr><td>开户银行</td><td colspan="4">中国农业银行庆春支行</td><td>银行账号</td><td colspan="3">1566331510296580</td></tr>
<tr><td>公司性质</td><td colspan="2">民营</td><td>所属行业</td><td>零售</td><td>注册资金</td><td>2000 万</td><td>经营范围</td><td>食品、日用百货、办公用品</td></tr>
<tr><td>信用额度</td><td colspan="2">180 万元</td><td>忠诚度</td><td>高</td><td>满意度</td><td>高</td><td>应收账款</td><td>152.5 元</td></tr>
<tr><td>客户类型</td><td colspan="3">重点型</td><td>客户级别</td><td colspan="4">A</td></tr>
<tr><td>建档时间</td><td colspan="3">2009 年 1 月</td><td>维护时间</td><td colspan="4">2012 年 5 月</td></tr>
</table>

表 2-13　客户档案三

<table>
<tr><td>客户编号</td><td colspan="8">客户档案三</td></tr>
<tr><td>公司名称</td><td colspan="5">家佳福超市</td><td>代码</td><td colspan="2">JJF</td></tr>
<tr><td>法人代表</td><td>陈开军</td><td>家庭地址</td><td colspan="4">杭州市上城区平海路平海家园 5—505</td><td>联系方式</td><td>83557890</td></tr>
<tr><td>证件类型</td><td>营业执照</td><td>证件编号</td><td colspan="4">120213432567876</td><td>营销区域</td><td>上城区</td></tr>
<tr><td>公司地址</td><td colspan="4">杭州市上城区清泰街 204 号</td><td>邮编</td><td>310012</td><td>联系人</td><td>刘俊</td></tr>
<tr><td>办公电话</td><td colspan="3">88293647</td><td>家庭电话</td><td colspan="2">83468679</td><td>传真号码</td><td>88293600</td></tr>
<tr><td>开户银行</td><td colspan="4">招商银行清泰支行</td><td>银行账号</td><td colspan="3">9372528903</td></tr>
<tr><td>公司性质</td><td colspan="2">民营</td><td>所属行业</td><td>零售</td><td>注册资金</td><td>70 万</td><td>经营范围</td><td>日用品、食品、办公用品</td></tr>
<tr><td>信用额度</td><td colspan="2">12 万元</td><td>忠诚度</td><td>一般</td><td>满意度</td><td>高</td><td>应收账款</td><td>9.7 万元</td></tr>
<tr><td>客户类型</td><td colspan="3">普通</td><td>客户级别</td><td colspan="4">B</td></tr>
<tr><td>建档时间</td><td colspan="3">2003 年 2 月</td><td>维护时间</td><td colspan="4">2012 年 4 月</td></tr>
</table>

表 2-14　华伟商贸有限公司采购订单（订单号：1604）

	商品名称	单位	单价（元）	订购数量	金额
1	好娃娃薯片	箱	196.00	7	1372
2	诚诚油炸花生仁	箱	172.00	5	860
3	尝响油多多超级蛋王	箱	2.00	25	50
4	Vida 维达双抽（绵柔）纸面巾	箱	6.00	10	60
	合计				2342

表 2-15　惠民超市采购订单（订单号：1602）

	商品名称	单位	单价（元）	订购数量	金额
1	好娃娃薯片	箱	196.00	7	1372
2	诚诚油炸花生仁	箱	172.00	10	1720
3	旺旺饼干	箱	486.00	3	1458
4	雪碧	箱	3.00	15	45
5	椰树椰汁	箱	4.00	15	60
	合计				4655

表 2-16　家佳福采购订单（订单号：1605）

	商品名称	单位	单价（元）	订购数量	金额
1	诚诚油炸花生仁	箱	172.00	10	1720
2	旺旺饼干	箱	486.00	3	1458
3	康师傅矿物质水	箱	24.00	10	240
	合计				3418

表 2-17　配送中心库存表

序号	商品编号	商品名称	数量	单位
1	6921004208601	王老吉凉茶	10	箱
2	6921004208601	王老吉凉茶	20	箱
3	6924512320231	红牛方便面	20	箱
4	6925674823487	戴尔台式电脑	22	箱
5	6945815421783	喜洋洋背包	30	箱
6	6941278128971	精灵鼠标	18	箱
7	6941278128979	好娃娃薯片	12	箱
8	6941278128972	诚诚油炸花生仁	30	箱
9	6941278128973	尝响油多多超级蛋王	30	箱
10	6941278128974	Vida 维达双抽（绵柔）纸面巾	20	箱
11	6941278128975	旺旺饼干	5	箱
12	6941278128976	雪碧	5	箱
13	6941278128977	椰树椰汁	20	箱
14	6941278128978	康师傅矿物质水	5	箱

2. 实训目标

结合订单的先后顺序、客户优先权先确定订单处理优先权，然后完成库存分配。

3. 实训准备

（1）模拟实训室一间，能容纳 50 个人，多媒体投影仪 1 台，屏幕 1 个，白板 1 个。

（2）对学生进行分组，每组订单制作人员 1 人、订单审核人员 1 人、主管 1 人。

（3）实训用资料表若干、笔、计算器、传真机、电话等。

（4）学生在实训老师的指导下，选择任务情景，按照步骤完成实训，教师可根据需要给出相应的数据和人员信息。

4. 工作步骤

（1）按接单先后顺序处理订单；

（2）对照 VIP 和一般客户汇总表，记录 VIP 客户需求是否被满足；

（3）基于客户优先权处理多个订单；

（4）对照 VIP 和一般客户汇总表，记录 VIP 客户需求是否被满足；

（5）对比分析另一种不同订单处理方法的结果。

5. 实训评价

学生根据订单处理实训，记录实训中出现的问题和未能完成实训的影响因素，归纳出订单处理需要注意的事项，形成书面的实训报告。订单决策与处理评分表如表 2-18 所示。

教师对各组训练完成情况进行点评。

表 2-18　订单决策与处理评分表

考评人		被考评人	
考评地点			
考评内容	订单决策与处理		
考评标准	具体内容	分值	实际得分
	在规定时间内完成操作	10	
	表格设计的正确性	10	
	任务完成情况	25	
	实训报告	55	
合　　计		100	

注：考评满分为 100 分，60～74 分为及格，75～84 分为良好，85 分及以上为优秀。

复习思考

一、判断题

1. 订单处理只是配送中心信息流的开始，和后续的配送实际操作环节无关。 （　）

2. 配送中心对接受客户订单的传统订货与电子订货两种方式的选择，要根据各方式的投入及运营成本与效益的差异来决定。 （　）

3. 缺货处理要依客户意愿而定，不能考虑公司政策，才能提高客户服务水平。 （　）

4. 客户希望订单处理周期越短越好，而稳定性无所谓。 （　）

5. 对订单处理流程进行跟踪，不仅能控制订单执行情况，还可满足客户了解订单处理状态信息的要求。 （　）

二、选择题

1. 客户订单确认的内容主要有（　）。

A. 货物名称、数量、交货日期及订货价格

B. 订单形态

C. 客户信用

D. 是否需要加工包装

2. 接单后，将客户的出货资料传给供应商由其代配的订单形态是（　）。

A 一般交易订单　　B. 合约式交易订单

C. 寄库式交易订单　　D. 间接交易订单

3. 订单处理过程的最后环节是（　）。

A. 订单录入　　B. 订单准备

C. 订单履行　　D. 订单状态报告

4. 批次分配中，若某商品的总出货量大于可分配库存量，分配有限库存的原则一般有（　）。

A. 具有特殊优先权者先分配　　B. 依客户等级来取舍

C. 依订单交易量或交易金额来取舍　　D. 依客户信用状况来取舍

5. 与客户签订配送契约的交易订单是（　　）。

A. 现销式交易订单　　B. 间接交易订单

C. 一般交易订单　　D. 合约式交易订单

三、简答题

1. 简述订单处理作业的含义与意义。

2. 简述订单处理作业的流程，并思考如何提高订单处理的效率。

3. 思考不同订单形态的订单内容如何设计。

4. 简述改善订单处理的关键因素。

课外拓展

课外阅读指南：客户管理相关书籍，配送管理相关书籍，办公自动化相关书籍。

学习素材准备：沈文天主编，《配送作业管理》，高等教育出版社，2012年4月出版；

钱廷仙主编，《现代物流管理》，高等教育出版社，2009年3月出版；

朱华主编，《配送中心管理与运作》，高等教育出版社，2009年3月出版。

网络学习指南：http：//www. chinawuliu. com. cn/zixun/class _ 10. shtml/中国物流与采购网/资讯中心/仓储配送；

http：//www. chinawuliu. com. cn/xsyj/class _ 67. shtml /中国物流与采购网/学术研究/论文荟萃/配送与连锁；

http：//bbs. chinawutong. com/中国物流论坛；

http：//www. peisong. biz/ 中国配送网；

http：//www. totallogistics. com. cn/天津全程物流配送有限公司。

总结提高

订单管理总结提高表如表 2-19 所示。

表 2-19 订单管理总结提高表

项目二　订单管理		
问　题	总　结	提高（建议）
你学习本模块最大的收获是什么？		
你认为本模块最有价值的内容是什么？		
哪些内容（问题）你需要进一步了解或得到帮助？		
为使你的学习更有效，你对本模块的教学有何建议？		
学生签字： 年　月　日		

项目三　拣货管理

学习目标

【知识目标】

理解拣货的概念，掌握拣货作业的基本流程，掌握拣货方式、种类及操作流程，了解拣货作业的基本原则，掌握拣货作业的信息传递方式，了解拣货作业与设施。

【技能目标】

能选择适当的拣货方式，能选择恰当的拣货策略，能进行拣货路径规划，能选择恰当的拣货作业设备。

【职业能力目标】

培养完成拣货的操作和管理能力；树立物流系统总体操作的理念，将拣货纳入配送的各个环节进行考虑；树立效率意识、责任意识。

工作情景

王亮为了更多地了解物流企业的实际情况，利用暑期到捷通物流配送有限公司实习。他被分配到配货组，带他的师傅正好是学长李华，这让王亮心宽了不少。

李华带王亮先到信息部取客户的订单，然后登录 RF 手持终端，取物流箱，贴标签后放在小推车上，走到 DPS 分拣区，核对货架前指示灯的号码与订单上客户号后，开始按订单上的商品进行分拣。每拣完一个商品后，就将对应的商品数指示灯灭掉，然后拣取下一个商品。拣完订单上的全部商品后，货架前的客户号指示灯灭，表明一个客户所需的商品全部拣完。

王亮看完一轮后，就开始了自己的拣货员实习体验。

任务描述

在配送中心的各项作业中，拣货作业是十分重要的一个环节，其作用相当于人体的心脏或空调系统的压缩机。而其动力的产生来自客户的订单，拣货作业的目的也就是正确且迅速地集合客户所订购的货品。要达到这一目的，必须根据订单分析采用适当的拣货设备，按拣货作业过程的实际情况，运用一定的方法策略组合，采取切实可行且高效的拣货方式提高拣货效率，将各项作业时间缩短，提升作业速度和能力。同时，必须在拣货时防止错误，避免送错货，尽量减少内部库存的料账不相符现象的发生。因此，如何在无拣货错误率的情况下，将正确的商品、正确的数量在正确的时间内及时配送给顾客，是拣货作业最终的目的和功能。

下面将分别对这些任务进行确认，并对任务的实施给予理论与实际操作的指导。

任务一　拣货认知

知识学习 >>>

一、拣货的概念

拣货作业是依据顾客的订货要求或配送中心的送货计划，尽可能迅速、准确地将商品从其储位或其他区域拣取出来，并按一定的方式进行分类、集中、等待配装送货的作业流程。在配送中心，搬运成本中，拣货作业的搬运成本约占90%；在劳动密集型的配送中心，与拣货作业直接相关的人力占 50%；拣货作业时间约占整个配送中心作业时间的 30%～40%。因此，在配送作业的各环节中，拣货作业是整个配送中心作业系统的核心。合理规划与管理拣货作业，对配送中心作业效率的提高具有决定性的影响。一般的拣货流程如图 3-1 所示。

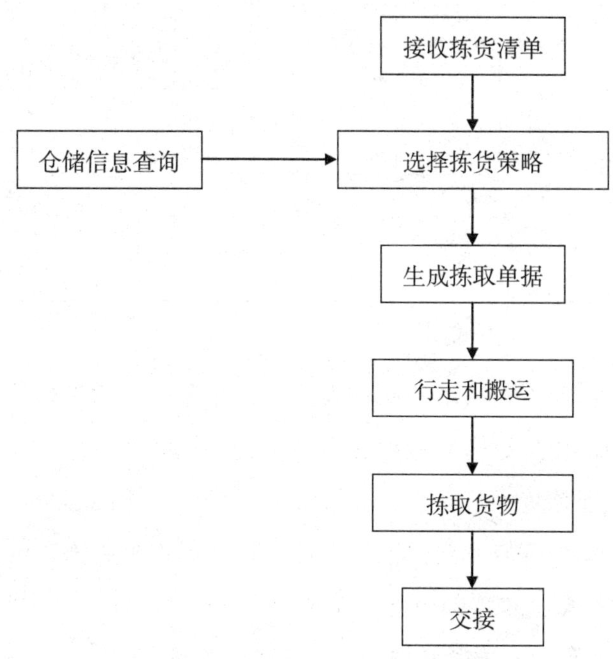

图 3-1　一般的拣货作业流程

拣货作业的基本过程包括如下四个环节：

1. 拣货信息的形成

拣货作业开始前，指示拣货作业的单据或信息必须先行处理完成。虽然一些配送中心直接利用顾客订单或公司交货单作为拣货指示，但此类传票容易在拣货过程中受到污损而产生错误，所以多数拣货方式仍需将原始传票转换成拣货单或电子信号，使拣货员或自动拣取设备进行更有效的拣货作业。但这种转换仍是拣货作业中的一大“瓶颈”。因此，利用 EOS（Electronic Ordering System）、POS 直接将订货资讯通过计算机快速及时地转换成拣货单或电子信号是现代配送中心必须解决的问题。在国外，大多数配送中心一般先将订单等原始拣货信息经过处理后转换成“拣货单”，以提高作业效率和作业准确性。拣货单格式如表 3-1 所示。

表 3-1　拣货单

拣货单编号：　　　　订单编号：　　　　配货月台：　　　　出货日期：

<table>
<tr><td>用户名称</td><td colspan="2"></td><td>地址</td><td colspan="2"></td><td colspan="2">电话</td><td colspan="2"></td></tr>
<tr><td>拣货日期</td><td colspan="5">年　月　日至　年　月　日</td><td colspan="2">拣货人</td><td colspan="2"></td></tr>
<tr><td>核查时间</td><td colspan="5">年　月　日至　年　月　日</td><td colspan="2">核查人</td><td colspan="2"></td></tr>
<tr><td rowspan="2">序号</td><td rowspan="2">储位号码</td><td rowspan="2">商品名称</td><td rowspan="2">规格型号</td><td rowspan="2">商品编码</td><td colspan="3">包装单位</td><td rowspan="2">数量</td><td rowspan="2">备注</td></tr>
<tr><td>箱</td><td>整托盘</td><td>单件</td></tr>
<tr><td></td><td></td><td></td><td></td><td></td><td></td><td></td><td></td><td></td><td></td></tr>
<tr><td></td><td></td><td></td><td></td><td></td><td></td><td></td><td></td><td></td><td></td></tr>
<tr><td>备注</td><td colspan="9"></td></tr>
<tr><td colspan="5">托运人（签章）
日期：　年　月　日</td><td colspan="5">承运人（签章）
日期：　年　月　日</td></tr>
</table>

2. 行走与搬运

拣货时，拣货作业人员或机器必须直接接触并拿取货物，这样就形成了拣货过程中的行走与货物的搬运。这一过程有两种完成方式。

人—物方式，即拣货人员以步行或搭乘拣货车辆方式到达货物储位。这一方式的特点是物静而人动。拣取者包括拣货人员、自动拣货机、拣货机器人。

物—人方式，与第一种方式相反，拣取人员在固定位置作业，而货物保持动态的储存方式。这种方式的特点是物动而人静，如轻负载自动仓储、旋转自动仓储等。

实例

Corporate Express 拣货作业

通常，叉车从托盘货架或者窄巷道储存提取货物，送往分拣区。Corporate Express 分拣区的补货大多采用先进先出的方式，存龄最久的货物最先进入拣选区。拣选作业在整个配送中心里面进行。不能用传送机输送和体积庞大的货物从大宗散装储存区被提取出来，直接进入拣选区。像办公用纸这样的货物可以整托盘拣取，但是在大多数情况下，是以整箱为单位拣取的。根据标签把整箱货物拣取出来，各 SKU 混在一起堆放在托盘上，扫描确认进入 WMS，WMS 引导叉车和液压拖板车操作员把托盘运到合适的拣选区入口。当从托盘货架或窄巷道存储区拣取货物时，根据标签，用订单拣选车选择单个的货箱。扫描确认后，用传送机输送上分拣机。

配送中心还配备有托盘流动货架和货箱流动货架。当从这里拣取货物时，根据标签，每个货箱被拣取、添加标签，然后再送上连接整个拣选区的传送机。

3. 拣　货

无论是人工还是机械拣取货物，都必须首先确认被拣货物的品名、规格、数量等内容是否与拣货信息传递的指示一致。这种确认既可以通过人工目视读取信息，也可以利用无线传输终端机读取条码，由电脑进行对比，后一种方式可以大幅度降低拣货的错误率。拣货信息被确认后，拣取的过程可以由人工或自动化设备完成，在实际的作业中，配送中心多采用读取品名与拣货单据对比的确认方式。图 3-2 所示的是利用叉车搬运机械辅助作业。对于出货频率很高的货品，则利用自动分拣系统进行拣货。

图 3-2　叉车拣选

4. 分类与集中

配送中心在收到多个客户的订单后，可以形成批量拣取，然后根据不同的客户或送货路线分类集中，有些需要进行流通加工的商品，还需根据加工方法进行分类，加工完毕再按一定的方式分类出货。多品种分货的工艺过程较复杂，难度也大，容易发生错误，必须在统筹安排形成规模效应的基础上提高作业的精确性。分类完成后，经过查对、包装便可以出货了。分货过程如图 3-3 所示。

图 3-3　分货过程

实例

促销分货操作流程

促销分货操作流程如图 3-4 所示。

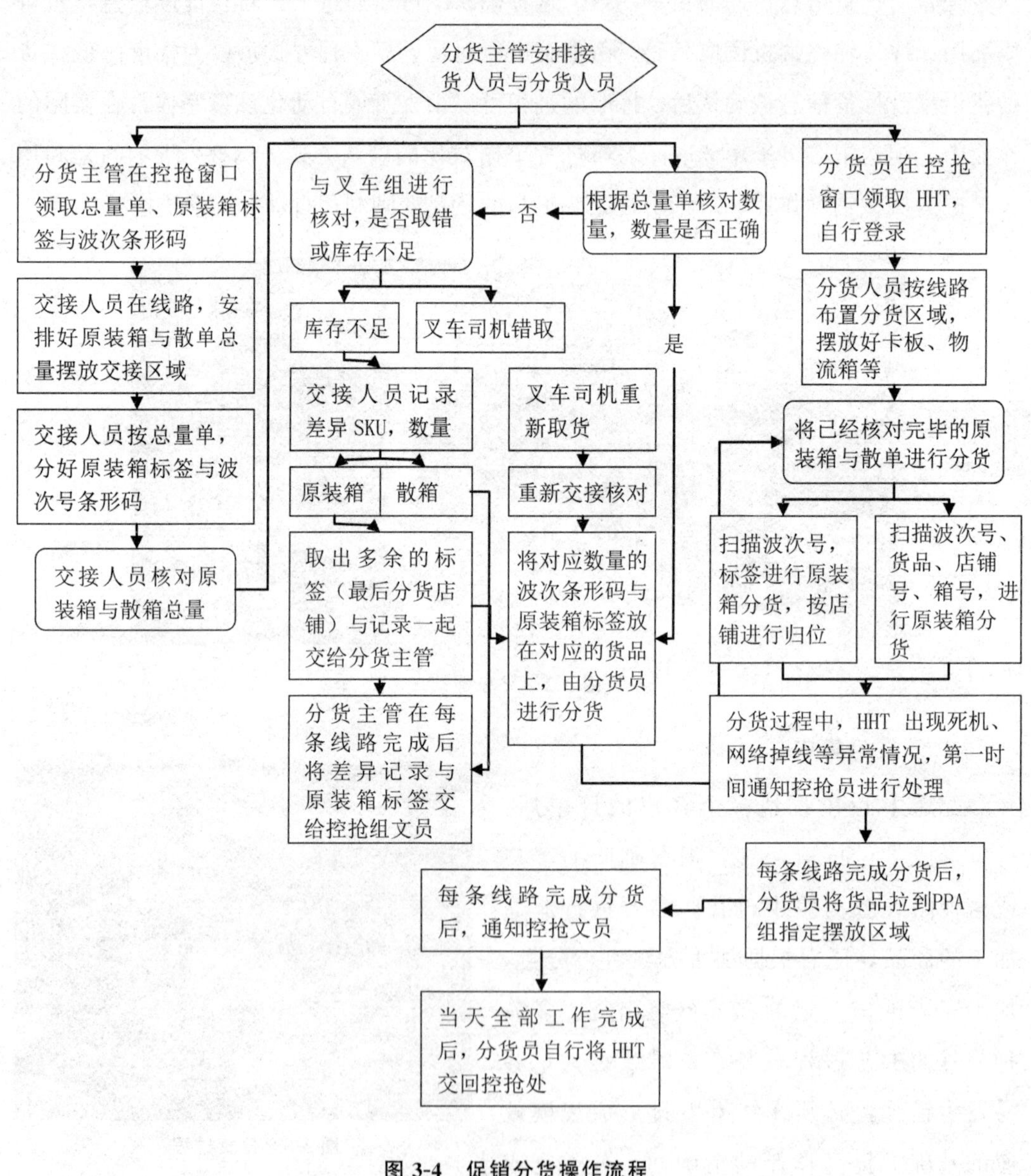

图 3-4　促销分货操作流程

二、拣货方式的选择

1. 拣货方式

接受订货为订单处理作业的第 1 个步骤，随着流通环境及科学技术的发展，接受客户订货的方式也逐渐由传统的人工下单、接单，演变为计算机间直接接收订货信息的电子订货方式。

（1）人工摘取式拣选

人工摘取式拣选的特点是：以订单为单位，每张订单拣货一次；操作方法简单；延迟时间短；拣货人员责任明确，易于评估；拣货后不用再进行分类作业。人工摘取式拣选是比较传统的拣货方式，适用于大数量订单的拣货处理。缺点是货品品类较多时，拣货行走路径较长，拣货效率降低；拣货区域较大时，搬运困难。人工摘取式拣选示意图如图 3-5 所示。

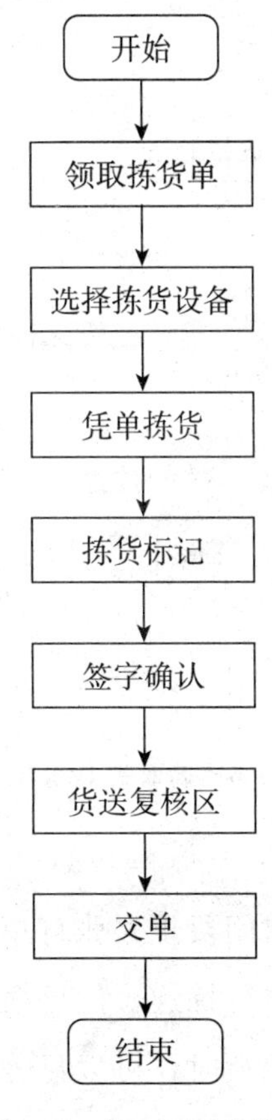

图 3-5　人工摘取式拣选

（2）摘取式 DPS 拣货

摘取式 DPS 拣货是指依靠电子标签系统，对每一份订单的货品逐一进行拣选。摘取式 DPS 拣货过程中信息无纸化传递，拣货员只要根据电子标签系统指示的信息拣选货品即可。这种方法更准确、快捷，减少了拣货员的劳动强度，作业流程如图 3-6 所示。

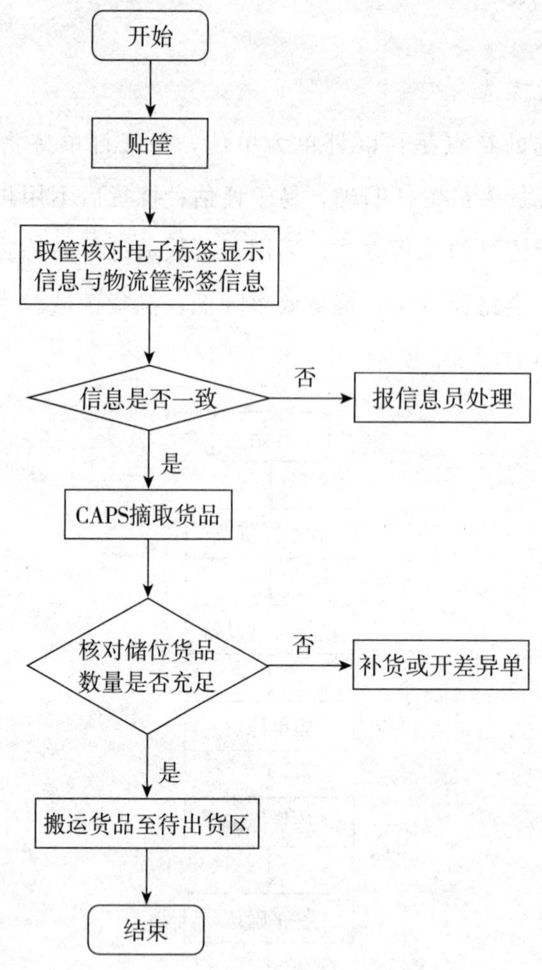

图 3-6 摘取式 DPS 拣货

（3）人工播种式拣货

人工播种式拣货是指把一定时间段里多张订单集合成一批，依照货品种类将货品数量汇总，全部由人工按货品进行拣选，然后根据每张客户订单进行分货处理的过程。这种拣选方式在订单数量庞大时，可以显著提高工作效率，缩短拣选货品时行走搬运的距离，增加单位时间的拣选数量。该方式的缺点是对单一订单无法进行操作，必须等订单累积到一定数量才能进行统一处理，订单处理有一定的延迟。其作业流程如图 3-7 所示。

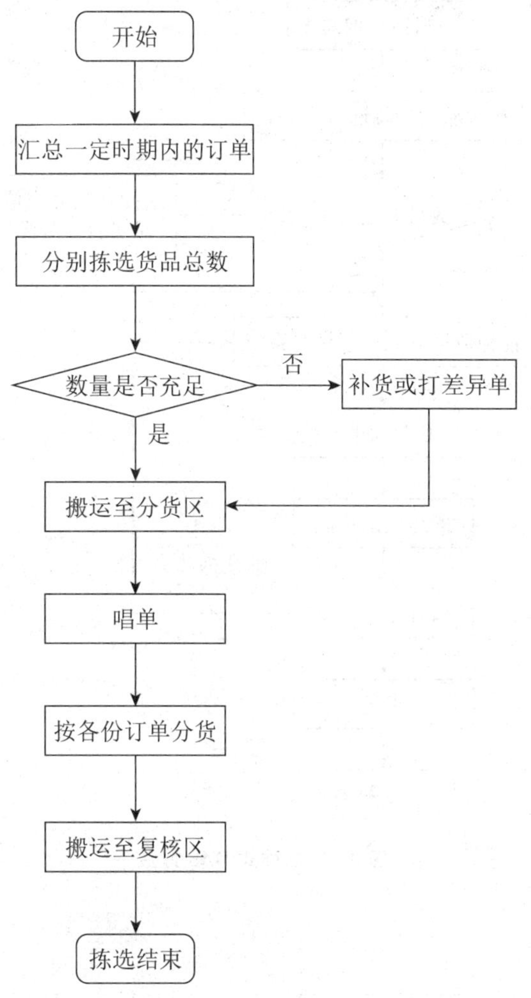

图 3-7　人工播种式拣货

（4）播种式 DAS 拣货

播种式 DAS 拣货也是依靠电子标签系统，根据电子标签系统提示的信息进行拣选货品。其作业流程如图 3-8 所示。

播种式 DAS 拣货与摘取式 DPS 拣货的区别是：摘取式 DPS 拣货是按每张订单进行拣货，而播种式 DAS 拣货是按照货品类型拣货；DPS 拣完货后不用再进行分货，DAS 拣完货后需要依据各份订单进行分货；摘取式电子标签系统对应的是货位，播种式电子标签对应的是客户或门店。

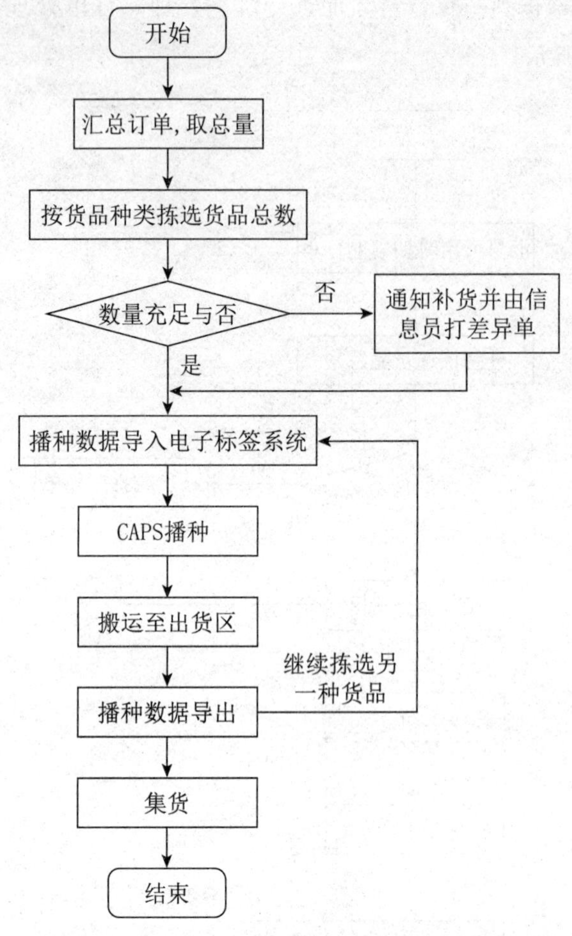

图 3-7　播种式 DAS 拣货

实例

东京北部物流中心自动仓库拣取出库

东京北部物流中心自动仓库是将拣取之前的单一品栈板放在上层，而将拣取终了准备出货的混合品项装载栈板放在下层作暂时保管。一旦配送车到达，电脑发出出货指示后，自动仓库便能将下层出货品栈板自动出库，交给有轨台车送至出货区。如此可节省出库货品的暂存空间，亦可降低配送车辆的多余等待时间。

2. 拣货策略

拣货策略的决定是影响日后拣货效率的重要因素，因而在决定拣货作业方式前，必须先对其可运用的基本策略有所了解，一般可作如下划分。

（1）按订单拣取（Single－Order－Pick）

按订单捡取又称“捡取式”“摘果法”“人到货前式”捡取作业，这种作业方式是针对每一张订单，作业员巡回于仓库内，将客户所订购的商品逐一由仓储中挑出集中的方式，是较传统的拣货方式。优点是：作业方法单纯；前置时间短；导入容易且弹性大；作业员责任明确，派工容易、公平；拣货后不用再进行分类作业，适用于大量订单的处理。缺点是：商品品项多时，拣货行走路径加长，拣取效率降低；拣货区域大时，搬运系统设计困难。

（2）批量拣取（Batch Pick）

批量拣取又称“分货式”“播种式”，是指把多张订单集合成一批，依商品品种数量加汇后再进行拣取，之后依客户订单作分类处理。此种作业方式的优点是：适合订单数量庞大的系统；可以缩短拣取时行走搬运的距离，增加单位时间的拣货量。缺点是：对订单的到来无法作即刻的反应，必须等订单累积到一定数量时才作一次处理，因此会有停滞的时间产生。批量拣取有四种方式可作为订单分批的原则。

①合计量分批原则：将进行拣货作业前所有累积订单中的每一货品依项目合计总量，再根据此一总量进行拣取的方式。适合固定点间的周期性配送。

优点：一次拣出商品总量，可使平均拣货距离最短。

缺点：必须经过功能较强的分类系统完成分类作业，订单数不可过多。

② 时窗分批原则：当订单到达至出货时间非常紧迫时，可利用此策略开启短暂时窗，例如 5 或 10 分钟，再将此时窗中所到达的订单作成一批，进行拣取。此分批方式较适合密集频繁的订单，且较能应付紧急插单的要求。

③ 定量分批原则：订单分批按先进先出（FIFO）的基本原则，当累计订单数到达设定的固定量后，再开始进行拣货作业的方式。

优点：维持稳定的拣货效率，使自动化的拣货、分类设备得以发挥最大功效。

缺点：订单的商品总量变化不宜太大，否则会造成分类作业的不经济。

④智慧型的分批原则：订单汇集后，必须经过较复杂的电脑计算程式，将拣取路线相近的订单集中处理，求得最佳的订单分批，可大量缩短拣货行走搬运的

距离。

优点：分批时已考虑到订单的类似性及拣货路径的顺序，使拣货效率更进一步提高。

缺点：要求软件技术层次较高的不易达成，且信息处理的前置时间较长。

因此，采用智慧型分批原则的物流中心通常将前一天的订单汇集后，通过电脑处理，在当日下班前产生明日的拣货单，因此，若发生紧急插单处理作业则较为困难。

订单拣取和批量拣取是两种最基本的拣货策略，比较而言，订单拣取弹性较大，临时性的产能调整较为容易，适合客户少样多量订货，订货大小差异较大，订单数量变化频繁，有季节性趋势，且货品外形体积变化较大，货品特性差异较大，分类作业较难进行的物流中心；批量拣取的作业方式通常在系统化、自动化后产能调整能力较小，适用于订单大小变化小，订单数量稳定，且货品外形体积较规则、固定，以及流通加工的物流中心。除这两项基本的拣货策略外，由此两项策略引申出的拣货策略还包括下述五项。

(1) 复合拣取

复合拣取为订单拣取及批量拣取的组合，可依订单品项数量决定哪些订单适于订单拣取，哪些适合批量拣取。

(2) 分类式拣取（Sort－While－Pick）

一次处理多张订单，且在拣取各种商品的同时，把商品按照客户订单分类放置的方式。举例来说，一次拣取五六张订单时，每次拣取用台车或笼车带此五六家客户的篮子，而后边拣取时边分客户的方式。如此可减轻事后分类的麻烦，对提升拣货效益更有益处，较适合每张订单量不大的情况。

(3) 分区、不分区拣取（Zoning、No Zoning）

不论是采行订单拣取或批量拣取，为效率上考量，皆可配合采用分区或不分区的作业策略。所谓分区作业，就是将拣取作业场地作区域划分，每一个作业员负责拣取固定区域内的商品。而其分区方式又可分为拣货单位分区、拣货方式分区及工作分区。事实上，在作拣货分区时亦要考虑到储存分区的部分，必须先针对储存分区进行了解、规划，才能使得系统整体的配合趋于完善。

(4) 接力拣取（Relay Pick）

此种方法与分区拣取类似，先决定出拣货员各自分担的产品项目或料架的责任范围后，各个拣货员只拣取拣货单中自己所负责的部分，然后以接力的方式交给下一位拣货员。

（5）订单分割拣取

当一张订单所订购的商品项目较多，或欲设计一个讲求及时快速处理的拣货系统时，为了使其能在短时间内完成拣货处理，利用此策略将订单切分成若干子订单，交由不同的拣货人员同时进行拣货作业，以加速拣货的达成。订单分割策略必须与分区策略联合运用才能有效地发挥长处。

以上七种策略可与搬运车或动力、无动力输送机相互配合形成不同组合作业的系统，而不同的拣货策略与各种储存策略的配合亦有好坏不同的差异，如表 3-2 所示。

表 3-2　拣取策略与储存策略配合的情形

储存策略	拣货策略							
	订单拣取		批量拣取		分类式拣取		接力拣取	订单分割拣取
	分区	不分区	分区	不分区	分区	不分区		
定位储存	○	○	○	○	○	○	○	○
随机储存	×	×	Δ	×	×	×	×	○
分类储存	○	○	○	○	○	○	○	○
分类随机储存	Δ	×	○	○	○	Δ	Δ	○

注：○：适合；Δ：尚可；×：不适合。

提示板

拣货作业场地分区原则

分区是指将拣货作业场地进行区域划分。主要的分区原则有以下三种。

按拣货单位分区。如将拣货区分为箱装拣货区、单品拣货区等，基本上这一分区与存储单位分区是相对应的，其目的在于将存储与拣货单位分类统一，以便拣取与搬运单元化。

按物流量分区。这种方法是指按各种货物出货量的大小以及拣取次数的多少进行分类，再根据各组群的特征，决定合适的拣货设备及拣货方式。这种分区方法可以减少不必要的重复行走，提高拣货效率。

按工作分区。这种方法是指将拣货场地划分为几个区域，由专人负责各个区域的货物拣选。这种分区方法有利于拣货人员记忆货物存放的位置，熟悉货物品种，缩短拣货所需的时间。

3. 拣货路径规划

最新的仓储调查报告显示，订单分拣是提高仓库生产效率最优先考虑的运营活动，分拣成本会占到仓库运营成本的 65%；而又有研究表明，分拣人员的行走时间会占到总分拣时间的 50%。可见，减少分拣人员的行走时间对于提高分拣效率和降低仓库运作成本是有意义的。分拣人员的行走时间与很多要素有关，其中，合理安排分拣路径是减少行走时间的一项有效措施。

分拣路径的目标就是确定分拣单上货品的拣货顺序，通过启发式或优化路径来减少分拣人员的行走距离。在实际工作中，人们通常应用启发式的分拣路径。这主要是由于优化产生的路径可能不符合分拣人员通常工作的逻辑，不容易操作；而且，优化路径没有考虑线路拥挤问题。

单区仓库分拣作业的启发式分拣路径方法有穿越、返回、中点回转、最大间隙、组合策略。此外，还有分割穿越策略、分割返回策略以及针对多区布局下应用的通道接通道策略。下面将对各种启发式的分拣路径进行介绍。

穿越式路径方法简单且易执行，很多仓库都在应用，尤其适合拣货密度高的情况。当采用穿越路径时，从通道一端进入，拣货人员同时拣取通道两侧货架上的物品，最后从通道另一端离开。在返回出入口之前，分拣人员会走遍所有包含拣取位置的通道。由于行走路径近似于“s”形，所以又称“s”形路径，如图 3-9 所示。

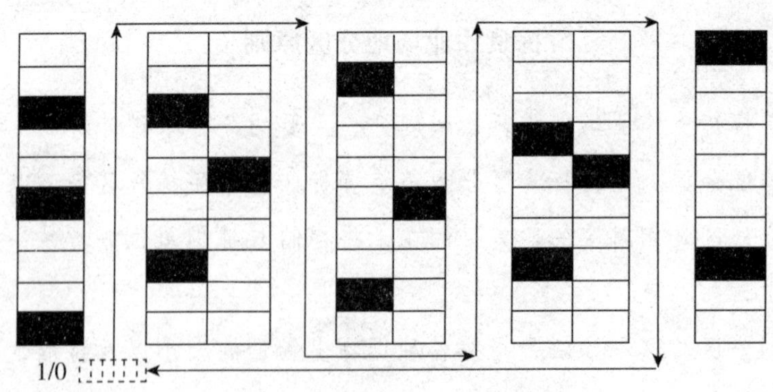

图 3-9　穿越式路径

当被拣品分布的巷道数为偶数时，穿越策略必须穿越每个具有被拣品的巷道；当被拣品分布的巷道数为奇数时，除最后一个被拣品所在的巷道外，其余巷道均需要被穿越。因此，穿越策略中拣货巷道内行走距离完全取决于被拣品分布的巷道数。

在回转路径方法中，拣货人员从分拣通道的一端进入，先沿路拣取一侧货架上的所需物品，当一侧货架上的物品拣取完，就返回开始拣取另一侧货架上的物品，最后从进入通道的一端离开。拣货员只需要进入包含拣取位置的通道，不包含拣取位置的通道可以跳过，如图 3-10 所示。

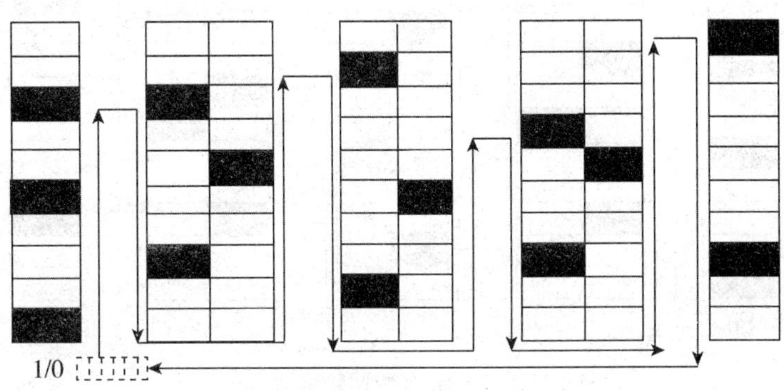

图 3-10　回转路径

若采用返回策略，要缩短拣货行走距离，应该使被拣品距离进入巷道的位置尽可能短。也就是说，如果被拣品的分布呈现向货架一端分布的趋势，其返回过程中的行走距离就越短，这样采用返回策略就能使总的行走距离越短。

中点回转策略是指从拣货通道的中点处将分拣区域分成前后两部分，如图 3-11 所示。拣货人员从通道的一端进入，拣取完货物后回转折返，最远处就是该通道的中点，当拣货人员离开拣货区域的前半部分时，拣货员要从最右边的通道穿越进入

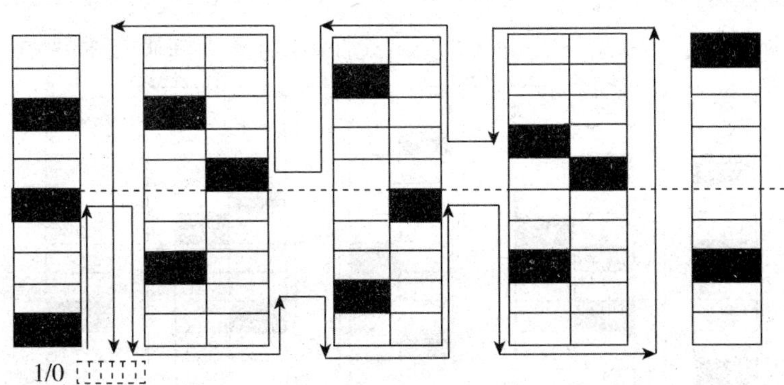

图 3-11　中点回转策略

通道的后半部分，以同样的方法开始后半部分的拣货。当后半部的拣货完成后，穿越最左边的通道回到出入口。这里不但采用了回转方法，而且在进入和退出后半部分通道时采取了穿越策略。

此外，还有一种叫作分割回转策略，与中点回转策略很相似，如图 3-12 所示。分割回转策略要求先将整个拣货区域分割为前、后两个部分，但分割点不一定是以中心点为界。

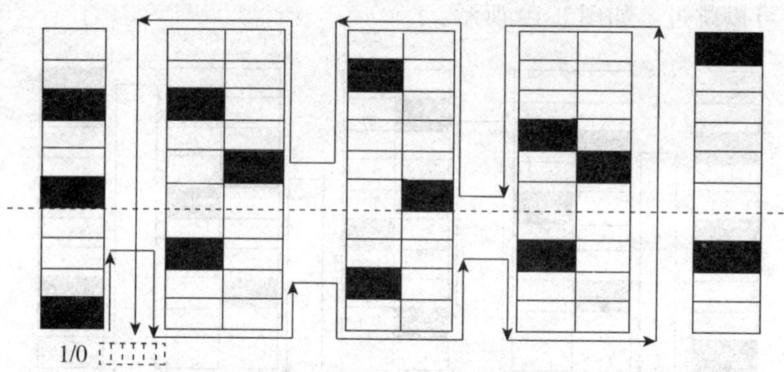

图 3-12　分割回转策略

从中点策略的行走规则可以看出，除了最左巷道和最右巷道必须穿越之外，其他巷道内的行走类似于返回策略。要缩短拣货行走距离，应该使被拣品的位置离巷道两端的距离尽可能短。如果被拣品的分布呈现出集中于货架的两端，则巷道中返回行走的距离越短，采用中点策略就能使总的行走距离越短。

最大间隙策略是指位于在同一个通道内待取的货品和上下两侧底端通道的距离作比较，选择较短距离的路径，若货品和上下两侧底端的通道距离小于货品之间的最小距离，则直接回转，如图 3-13 所示。最大间隙策略与中点策略相似，二者的区别在于：在最大间隙策略下，分拣人员最远可到达最大间隙而非中点。

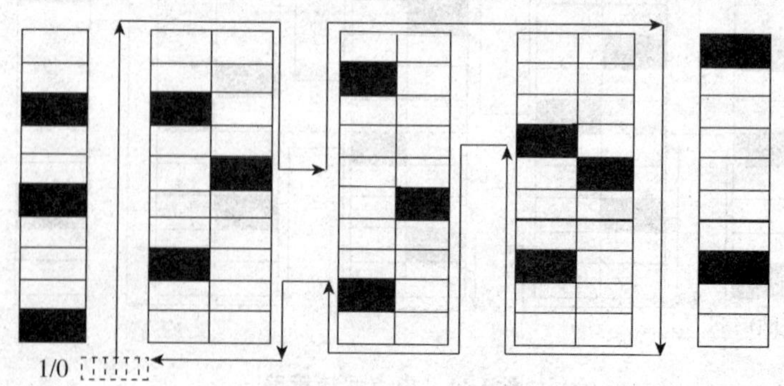

图 3-13　最大间隙策略

通道接通道策略是针对具有多个横向通道仓库的启发式方法。一般来讲，每个纵向通道只访问 1 次。分拣员从入口处开始，然后进入最左边的有待取物品的通道，当一个纵向通道内的所有品项拣选完，接着选择一个横向通道进入下一个纵向通道。该方法需要确定从一个纵向通道向下一个纵向通道过渡的横向通道。如图 3-14 所示。

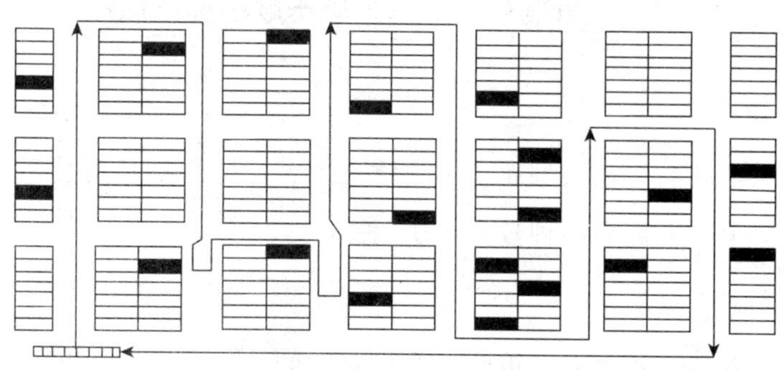

图 3-14　通道接通道策略

实例

拣货策略的安排应用

POLA 西日本流通中心的拣货策略分析如表 3-3 所示。由表 3-3 可看出，分区策略有箱及单品两种拣货单位的分区，其中，单品拣货区有数位显示储架与电脑拣货台车两种拣货方式的分区，而数位显示储架拣货区内又使用到工作分区的策略，如此在规划时即按部就班地针对各拣货策略逐一考量，必能有效提升拣货效率。

表 3-3　POLA 西日本流通中心的拣货策略分析

分区资料项目	栈板储架拣货区	数位显示储架拣货区	电脑拣货台车拣货区
保管单位	栈板	箱	箱
拣货单位	箱	单品	单品
商品特性	体积大、量大、频度较低	体积小、量中、频度高	体积小、量小、频度低
拣货方式	合计量分批拣取后分类（SAP）	订单拣取（SOP）	固定量分批拣取时分类（SWP）
拣货资讯	贴标签	电子信息	电子信息

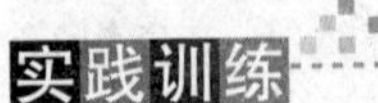

纸制单据拣选—单一顺序拣取操作

1. 实训情景

以学校所在地区的一家大型超市中任意十个客户的购物单为背景，进行单一拣货任务。要求单个客户商品品种数大于15种。

2. 实训目标

通过采取有效的拣货方式和策略，在指定时间内，从货架上拣取出拣货单（分货单）上所列出的货品，放入货箱内，并用拣货车运送到指定地点，确保所拣选货物的数量与品种准确无误，拣货过程中确保货品的质量不受损害。

3. 实训准备

（1）实训时间、实训地点、实训单位基本情况以及实训接待人职务、电话、姓名；

（2）具体实训过程、步骤和实训数据、结果；（不少于2000字，要求用图表方式展现）

（3）实训内容、存在的问题、原因分析和改进建议等；（不少于2000字，要求原因分析具有说服力，建议有可行性）

（4）实训场地相关照片，如小组成员照片、现场问题照片、现场工作单据照片等。（拣货任务的第一原始单据即收集的10张购物单，照片插入WORD文档直接打印）

4. 工作步骤

（1）4人以下为一个小组，指定一名学生作为小组负责人，负责小组人员的分工，完成拣货任务。

（2）对设备的使用及拣货路径进行记录，并对拣货所用时间及拣货结果进行详细记录。

（3）对拣货作业过程及效果进行分析，找出影响拣货效率的原因，提出改进策略。

（4）针对改进策略，对于同一（批）拣货单重新进行拣货操作，比较改进前后的拣货时间和拣货效果。

（5）学生根据实训过程、实训结果及实训结果分析撰写实训报告。

5. 实训评价

学生根据纸制单据拣选—单一顺序拣取操作，记录实训中出现的问题和未能完成实训的影响因素，归纳出纸制单据拣选—单一顺序拣取操作需要注意的事项，形成书面的实训报告。教师对各组训练完成情况进行点评。纸制单据拣选—单一顺序拣取操作如表 3-4 所示。

表 3-4　纸制单据拣选—单一顺序拣取操作

考评人		被考评人	
考评地点			
考评内容	纸制单据拣选—单一顺序拣取操作		
考评标准	具体内容	分值	实际得分
	在规定时间内完成操作	10	
	操作的规范性	10	
	任务完成情况	25	
	实训报告	55	
合　计		100	

注：考评满分为 100 分，60～74 分为及格，75～84 分为良好，85 分及以上为优秀。

任务二　拣货作业优化

知识学习

一、拣货作业的基本原则

1. 拣货的要点

除了少数拣货作业使用自动化设备以外，大多数还是依靠人工劳动的密集作业形式。因此，规划拣货系统时，应结合“八不”原则，以提高拣货作业人员的劳动效率。

（1）不要等待——零闲置时间

尽量减少拣货人员等待的时间，以动作时间分析、人机时间分析方式改善。要研究机器在什么地方、能力与负荷、拣取的缺陷等问题，还要分析不同时间、日期的作业密度，以及作业是否充分、分拣清单的样式和发布、时间等各种问题，减少作业上的损失。

（2）不要拿取——零搬运

多利用输送带、无人搬运车等设备，减少劳动强度。

（3）不要走动——缩短动线

物流动作简单最好，拣货通路通常是一条龙格局。拣货的步行时间一般占到全部作业时间的45%～60%。可采用拣货工作分区，物至人拣取或导入自动仓库等自动化设备。

（4）不要思考——零判断业务

不要存在需要让作业人员思考判断才能进行的作业。根据货架和场地管理，提出单纯简洁的作业指示。如果能够排除需要思考的事情，就不需要熟悉作业者，也不会出现“作业效率难以提高，差错较大”的情况。不应该存在货架的中上下段难以区分，需要作业人员思考的问题。有时为了简化作业，不依赖熟练工，使用条码自动识别装置及自动化也是一种选择。

（5）不要寻找一科学的储位管理

随时整理、整顿物品，货位编排移动要确定登录，拣取时要以电子标签灯号实时指示。

（6）不要书写——免纸张

日常作业中常常发生纸张作业的问题，因为需要熟悉的东西大量增加，转记过程中就难免会产生差错。如果订货信息不用纸张打出，而是用计算机传递指示拣货，根据信息进行数字分拣或灵活运用POS拣货，就能够节约纸张和时间，达到无纸化作业，避免笔误造成作业错误。

（7）不要检查——利用条码

利用条码由计算机代为检查，能够减低拣错率，缩短复点时间。

（8）无缺货 ——作好商品管理

最好不要缺货，作好商品的品类管理、储位管理、库存管理和拣货管理。保证商品的供货充足，减少补货的程序。

提示板

造成拣货效率不佳的主要原因

- 货品储位未合理化存放。
- 找不到货品或缺货率太高。
- 无效走动及无效动作太多。
- 拣取动线过长。
- 拣取单未合理分类归纳排序。
- 未使用合适的拣取容器、设备。
- 拣错率太高，致使花费许多更正的时间

2. 拣货作业合理化的原则

拣货作业合理化的原则包括以下内容。

①商品应按重量排列，由重的开始拣取，以避免下面的商品受损。

②在拣货场所，除以记号记录位址外，可考虑以料架颜色的不同来达到区别的容易性。

③拣取缺货时，剩余未贴附的标签应退回电脑室，将其号码输入电脑核实记录。

④美国SUPER RITE FOOSD公司要求新进的拣取作业人员行为严谨，所采取的方式为：拣取者进入公司两星期内，拣取量若在标准以下，会以口头警告注意；经过三周後仍未达到标准，在两日内谨慎加强，若四日内还无法做到，则予以解雇。

⑤ 有时因处理商品的形状或尺寸多样，品项繁多，且各订单的重复率也低，以单品为单位的拣取比以箱为单位的出货多，因此现场不适合拣取自动化，更不应勉强进行，要多额投资的自动化，而可以低成本且具弹性的半自动系统拣取，配合电脑、条码支援达成。

⑥智慧型的拣取作业，是将人、工具及电脑作最适的组合，使其维持成本低效、良好的物流系统。

二、拣货作业信息的传递

拣货信息是拣货作业的原动力，主要目的是指示拣货的进行，而其资料源头的产生来自客户的订单，为了使拣货人员在既定的拣货方式下正确而迅速地完成拣货，拣货信息成为拣货作业规划设计中重要的一环。利用信息来支援拣货系统，除使用单据传达外，电脑、条码及一些自动传输的无纸化系统都已逐渐被导入。以下介绍一些利用信息或控制系统来辅助拣货的应用方式。

1. 订单传票

订单传票即直接利用客户的订单或以配送中心的送货单来作为拣货的指示凭据。这种方法适用于订单订购品种数比较少、批量较小的情况，经常配合订单拣取方式。订单在传票和拣货过程中易受到污损，可能导致作业过程发生错误，而且订单上未标明货物储放的位置，靠作业人员的记忆拣货，会影响拣货效率。

2. 拣货单传递

拣货单传递拣货信息，是将原始的客户订单输入电脑，进行拣货信息处理后，生成并打印出拣货单，作业人员据此拣货。在拣货单上可以标明储位，并按储位顺序来排列货物编号，能够缩短拣货路径，提高作业效率。采用拣货单传递拣货信息，其优势在于：经过处理后形成的拣货单上所标明的信息能更直接、更具体地指导拣货作业，提高拣货作业效率和准确性。但处理打印拣货单需要一定的成本，而且必须尽可能防止拣货单据出现误差。拣货单样式如表 3-5 所示。

表 3-5　拣货单样式

<table>
<tr><td colspan="10">拣　货　单</td></tr>
<tr><td colspan="2">拣货单号码：</td><td colspan="2"></td><td colspan="2">拣货时间：</td><td colspan="4">至</td></tr>
<tr><td colspan="2">顾客名称：</td><td colspan="2"></td><td colspan="2">核查时间：</td><td colspan="4">至</td></tr>
<tr><td colspan="4"></td><td colspan="2">拣货人员：</td><td colspan="4"></td></tr>
<tr><td colspan="2">出货日期：</td><td colspan="2"></td><td colspan="2">核查人员：</td><td colspan="4"></td></tr>
<tr><td rowspan="2">序号</td><td rowspan="2">储位号码</td><td rowspan="2">商品名称</td><td rowspan="2">商品编码</td><td colspan="3">包装单位</td><td rowspan="2">拣取数量</td><td rowspan="2">备注</td></tr>
<tr><td>整托盘</td><td>箱</td><td>单件</td></tr>
<tr><td></td><td></td><td></td><td></td><td></td><td></td><td></td><td></td><td></td></tr>
<tr><td></td><td></td><td></td><td></td><td></td><td></td><td></td><td></td><td></td></tr>
<tr><td></td><td></td><td></td><td></td><td></td><td></td><td></td><td></td><td></td></tr>
<tr><td></td><td></td><td></td><td></td><td></td><td></td><td></td><td></td><td></td></tr>
</table>

3. 显示器传递

显示器传递是指在货架上安装灯号或安装液晶显示器，来显示通过数位控制系统传递过来的拣货信息，显示器安装在储位上，相应储位上的显示器显示该商品应拣取的数量，也就是采用数位拣取系统。这种系统可以安装在重力式货架、托盘货架、一般货物棚架上。如图 3-15 所示，即为重力式货架上安装液晶显示器以显示拣取数量，指示拣货。显示器传递方式可以配合人工拣货，防止拣货错误，增加拣货人员的反应速度，提高拣货效率。

图 3-15　附加显示设置的重力式货架

4. 无线通信传递

无线通信传递是指在叉车上安装无线通信设备，通过这套设备把应从哪个储位拣取何种商品及拣取数量等信息指示给叉车上的司机以拣取货物。这种传递方式通常适应于大批量出货时的拣货作业。

5. 电脑随行指示

电脑随行指示是指在叉车或台车上设置辅助拣货的电脑终端机，拣取前先将拣货信息输入电脑或软盘，拣货人员依据叉车或台车上电脑屏幕的指示，到正确的位置拣取货物。图 3-16 为电脑辅助拣货台车。

图 3-16　电脑辅助拣货台车

6. 自动拣货系统传递

拣货过程全部由自动控制系统完成。通过电子设备输入订单后形成拣货信息，在拣货信息指导下由自动分拣系统完成分拣作业，这是目前物流配送技术发展的主要方向之一。

三、拣货作业与设施

在拣货过程中所使用的设备很多，如储存设备、搬运设备、信息设备等。通过使用高效的拣货设备，可以大大提高配货效率。

1. 人至物的拣货设备

这是指物品固定，拣货人员到物品位置处把物品拣出来的工作方式。大概分为以下几类。

（1）储存设备

储存设备包括托盘货架、轻型货架、储柜、流动货架、高层货架、数位显示货架等。

（2）搬运设备

搬运设备包括无动力台车、动力台车、动力牵引车、堆垛机、拣选车、搭乘式存取机、无动力输送机、动力输送机、计算机辅助台车等。

2. 物至人的拣货设备

这与人至物的拣选方法相反，拣货人员固定位置，等待设备把货品运到拣货者面前进行拣货。这种拣货设备的自动化水平较高。这种设备本身附有动力，所以能移动货品储位或把货品取出。这种拣货设备包括如下储存设备和搬运设备。

（1）储存设备

储存设备包括单元负载自动仓库、轻负载自动仓库、水平旋转自动仓库、垂直旋转自动仓库、梭车式自动仓库等。

（2）搬运设备

搬运设备包括堆垛机、动力输送带、无人搬运车等。

3. 自动拣货系统

除上述两种拣货设备之外，还有一种就是自动拣货系统，如图 3-17 所示。其拣货无人介入自动进行，其中又包括箱装自动拣货系统和单品拣货系统两种。

图 3-17　自动拣货系统

自动拣货系统连接拣选库区和出货区，将货物送达出货区并在出货区自动按照货物的种类或者客户订单需求分配。

此外，一般配送中心的拣选仓库都有配套的电子标签系统，如图 3-18 和 3-19 所示。

图 3-18　电子标签：拣货汇总

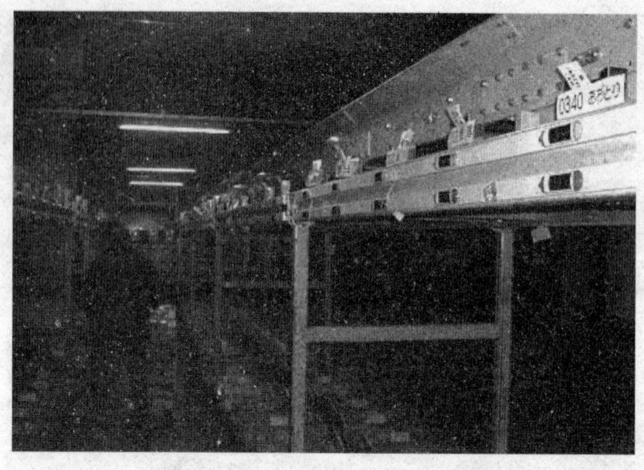

图 3-19　电子标签：拣货货架

知识链接

摘取式电子标签运作流程

摘取式电子标签运作流程如图 3-20 所示。

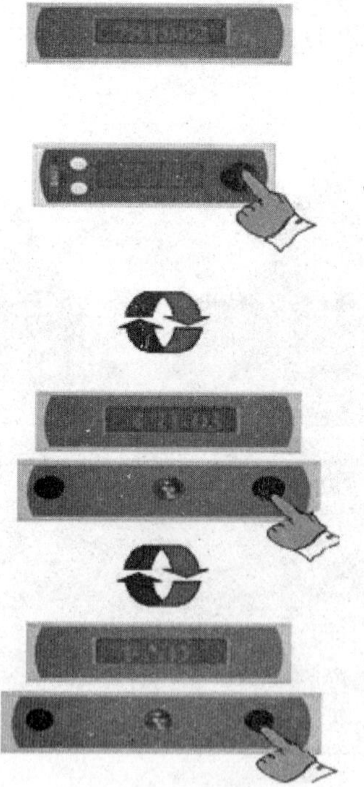

进入通道前先检视订单显示器所显示单号是否为负责订单

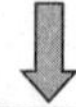

- 根据灯号显示进度检货。
- 检完货后，按下黑色确认键
- 若有缺货，则按缺货键或调整实检量
- 依次将通道内所有该检储位检货完成

- 当该通道全数检货完成时，完成器会响起，且下一通道指示器会显示下一个目的通道
- 待确认后，按下完成器之确认键，即可前往下一目的地继续检货

倘若完成器响时，下一通道指示器显示的“END”，则表示该订单已全数检货完成。

图 3-20　摘取式电子标签运作流程

4. 多品种少批量配送常见设备配置

从国内外配送的业务特点来看，由于大体积的笨重商品多采用直达送货，一般不通过流通机构，因此配送对象多为多品种、中小批量、高频率的商品。自动化程度较高的多品种少批量分拣系统常见的设备配置有附加显示装置的重力式货架、旋货架、电脑辅助拣货台车、自动货物分类输送机等专用分拣设备。

（1）附加显示装置的重力式货架

附加显示装置的重力式货架，是指在重力式货架相应储位上安装数量显示装置的拣货设备，即在储存货架上安装数位显示装置，拣货时显示所拣货物的储位和数量。货架的层格呈倾斜式，当前排货物被拣走后，由于重力作用，后排货物自动滑向前排。拣货人员开始拣货时，主电脑即传达拣货信息，当拣货信息到达时，所需拣取的商品储位的显示灯会自动亮起，并显示所需拣取的数量，拣货员获得信息即能快速完成拣货作业。这种设备常与动力传输系统结合使用，采取接力式拣取方式，即每位拣货员只负责本区域的货物，将其拣出放至输送带上的拣货篮内，拣货篮移至下一区域，剩下的由下一段区域的拣货员完成。

（2）旋转货架

旋转货架是指利用电脑操纵控制，让准备存放或拣取的货架储位自动旋转至拣货员的面前，使拣货员完成拣货作业。这一系统不仅可以提高拣货效率，还可以由电脑控制减少人为差错。旋转自动货架在设计布局时，可以节省储存空间，适用于电子零件、精密机件等少量、多品种、小体积、高频率出入库物品的储存和拣货作业。其移动速度约30m/min，存取效率较高，而且依照需求自动旋转存取物品，层数不受高度的限制，故能有效地利用空间。在分拣作业系统中，多层水平旋转式货架、整体水平旋转式货架、垂直旋转货架都得到了较广泛的应用。

（3）电脑辅助拣货台车

在拣货台车上设置辅助拣货的电脑系统，拣货前在台车上输入商品编号及拣取数量，主电脑会将拣货信息显示在台车的终端机上，拣货人员按电脑屏幕上的指示进行拣取。使用这种设备可以不使用拣货单，功能完备的电脑辅助拣货台车，还可以检测拣取商品的数量是否准确，发生拣货错误时会自动发出警告信号。在国外，一些电脑辅助自动导引台车还可以让拣货人员直接站在车上，输入货物编号启动按钮后，红外线遥控系统会引导台车自动运转，并在欲拣取的储位前停止，拣货员依台车上显示的拣货数量拣取商品。

(4) 自动分拣系统

自动分拣系统目前已广泛应用于国内外自动化程度较高的配送中心。对于整托盘出货，可以使用升降叉车或巷道堆垛起重机拣取货物，置于自动分类输送机上；人工拣取小件、小批量货物时，则由人工取货，置于货架前的传输带上进入自动分类输送机。自动分类输送机通过控制装置、识辨分类装置、输送装置、分拣道口完成分拣作业过程。

知识链接

自动分拣系统（Automatic Sorting System）

自动分拣系统（Automatic Sorting System）是先进配送中心所必需的设施条件之一。具有很高的分拣效率，通常每小时可分拣商品 6000～12000 箱。可以说，自动分拣机是提高物流配送效率的一项关键因素。

自动分拣机是自动分拣系统的一个主要设备，它本身需要短则 40～50 米、长则 150～200 米的机械传输线，还有配套的机电一体化控制系统、计算机网络及通信系统等，这一系统不仅占地面积大（动辄 20000 平方米以上），而且还要建 3～4 层楼高的立体仓库和各种自动化的搬运设施（如叉车）与之相匹配，这项巨额的先期投入通常需要花 10～20 年才能收回。

实践训练

纸制单据拣选——批量拣取操作

1. 实训情景

以学校所在地区的一家大型超市中任意十个客户的购物单为背景，进行批量拣货任务。要求单个客户商品的品种数大于 15 种。

2. 实训目标

通过采取有效的拣货方式和策略，在指定时间内，从货架上拣取出拣货单（分货单）上所列出的货品，放入货箱内，并用拣货车运送到指定地点，确保所拣选货物的数量与品种准确无误，拣货过程中确保货品的质量不受损害。

3. 实训准备

（1）实训时间、实训地点、实训单位基本情况以及实训接待人职务、电话、姓名；

（2）具体实训过程、步骤和实训数据、结果；（不少于 2000 字，要求用图表方式展现）

（3）实训内容、存在的问题、原因分析和改进建议等；（不少于 2000 字，要求原因分析具有说服力，建议有可行性）

（4）实训场地相关照片，如小组成员照片、现场问题照片、现场工作单据照片等。（拣货任务的第一原始单据即收集的 10 张购物单，照片插入 WORD 文档直接打印）

4. 工作步骤

（1）4 人以下为一个小组，指定一名学生作为小组负责人，负责小组人员的分工，完成拣货任务。

（2）对设备的使用及拣货路径进行记录，并对拣货所用时间及拣货结果进行详细记录。

（3）对拣货作业过程及效果进行分析，找出影响拣货效率的原因，提出改进策略。

（4）针对改进策略，对于同一（批）拣货单重新进行拣货操作，比较改进前后的拣货时间和拣货效果。

（5）学生根据实训过程、实训结果及实训结果分析撰写实训报告。

5. 实训评价

学生根据纸制单据拣选——批量拣取操作，记录实训中出现的问题和未能完成实训的影响因素，归纳出纸制单据拣选—批量拣取操作需要注意的事项，形成书面的实训报告。教师对各组训练完成情况进行点评。纸制单据拣选——批量拣取操作如表 3-6 所示。

表 3-6　纸制单据拣选——批量拣取操作

考评人		被考评人	
考评地点			
考评内容	纸制单据拣选——批量拣取操作		
考评标准	具体内容	分值	实际得分
	在规定时间内完成操作	10	
	操作的规范性	10	
	任务完成情况	25	
	实训报告	55	
合　计		100	

注：考评满分为 100 分，60～74 分为及格，75～84 分为良好，85 分及以上为优秀。

复习思考

一、判断题

1. 拣选标签是一种计算机辅助的无纸化的拣货系统，其原理是在每一个货位安装数字显示器，利用计算机的控制将订单信息传输到数字显示器内，拣货人员根据数字显示器所显示的数字拣货，拣货完成后按确认按钮即完成拣货工作。（　　）

2. 某配送中心中的商品 A 每天平均采购量为 8 箱，平均在库时间为 4 天，该商品每托盘可放 40 箱，则该商品的储存单位是袋。（　　）

3. 如果配送客户数量较多且稳定、订货类型差异小、订货数量大、需求频率具有周期性，那么可采用的订单分批方式是智慧型分批。（　　）

4. 处理的订单数量多、订购货品品项数少、货品重复订货频率较低，可采用的分类方式是输送机—人工分类组合。（　　）

5. 巷道堆垛起重机是指装有自动导引装置，能够沿规定的路径行驶，在车体上还具有编程和停车选择装置、安全保护装置以及各种物料移载功能的搬运车辆。（　　）

二、选择题

1. 拣货的作用可以最简单地划分为订单拣取、（　　）及复合拣取三种方式。

A. 摘果式拣取　　　　B. 播种式拣取

C. 批量拣取　　　　　D. 指令式拣取

2.（　　）的产生是提供产品出库的指示资料，是作为拣货的依据。

A. 提货单　　B. 拣货单

C. 送货单　　D. 发货单

3. “按拣货单位分区”的目的在于将（　　）单位和拣货单位分类统一，以便拣取与搬运单元化和拣取作业的单纯化。

A. 储存　　B. 配送

C. 运输　　D. 加工

4. 如果订单批量大、货种多，可将订单分成多张拣选单，这些拣选单采用（　　）的方法同时进行拣货。

A. 并联拣选　　B. 串联拣选

C. 封闭式拣选　　D. 开放式拣选

5.（　　）是安排拣货作业的货物数量、设备及人工使用、投入时间及出产时间。每一拣货作业计划，详细规定每一拣货环节在某一时期内应完成的拣货任务和按日历进度安排的拣货进度。

A. 拣货作业方式　　B. 拣货作业策略

C. 拣货作业路径　　D. 拣货作业计划

三、简答题

1. 简述拣货作业的含义及流程。

2. 简述拣货作业方式的种类、含义及作业流程。

3. 简述拣货信息传送方式的种类、含义及作业过程。

课外拓展

课外阅读指南：客户管理相关书籍，配送管理相关书籍，办公自动化相关书籍。

学习素材准备：沈文天主编，《配送作业管理》，高等教育出版社，2012 年 4 月出版；

钱廷仙主编，《现代物流管理》，高等教育出版社，2009 年 3 月出版；

朱华主编，《配送中心管理与运作》，高等教育出版社，2009 年 3 月出版。

网络学习指南：http：//www. chinawuliu. com. cn/zixun/class _ 10. shtml/中国物流与采购网/资讯中心/仓储配送；

http：//www. chinawuliu. com. cn/xsyj/class _ 67. shtml /中国物流与采购网/学术研究/论文荟萃/配送与连锁；

http：//bbs. chinawutong. com/中国物流论坛；

http：//www. peisong. biz/ 中国配送网；

http：//www. totallogistics. com. cn/天津全程物流配送有限公司。

总结提高

拣货管理总结提高表如表 3-7 所示。

表 3-7　拣货管理总结提高表

项目三　拣货管理		
问　题	总　结	提高（建议）
你学习本模块最大的收获是什么？		
你认为本模块最有价值的内容是什么？		
哪些内容（问题）你需要进一步了解或得到帮助？		
为使你的学习更有效，你对本模块的教学有何建议？		
学生签字： 年　月　日		

项目四　流通加工管理

学习目标

【知识目标】

能正确地叙述流通加工的概念，区别流通加工与生产加工的不同；了解流通加工的地位与作用；掌握流通加工的不同类型与特点；熟悉不合理流通加工的表现形式；掌握流通加工作业的基本流程；掌握流通加工作业的内容；理解流通加工的技术经济指标。

【技能目标】

能举例说明生活中典型的流通加工案例，并阐述通过合理的流通加工可满足用户不同需求的道理；对不合理的流通加工的典型案例进行分析；能对流通加工任务进行合理优化。

【职业能力目标】

培养完成流通加工作业的方法能力与社会能力，树立客户第一的服务理念，树立整体和全局意识，树立效率意识、成本意识、责任意识。

工作情景

小王在环达综合超市组合式鞋店工作。环达综合超市组合式鞋店在货架上摆放着一些做鞋用的半成品，而不是做好了的鞋。款式花色多样，有 6 种鞋跟、8 种鞋底，均为塑料制造的，鞋面的颜色以黑、白为主，搭带的颜色有 80 种，款式有百余种，顾客进来可任意挑选自己所喜欢的各个部位，交给小王当场进行组合。只要 10 分钟，一双崭新的鞋即可送到顾客手中。鞋店昼夜营业，鞋子的售价与成批制造的价格差不多，有的还稍便宜些。所以顾客络绎不绝，销售金额比邻近的鞋店多十倍。

任务描述

为了完成该项目，应在流通加工概念的前提下，先掌握流通加工的基本概念，再掌握流通加工的技术和方法。

下面将分别对这些任务进行确认，并对任务的实施给予理论与实际操作的指导。

任务一　流通加工认知

一、流通加工的含义

流通加工（Distribution Processing）是指商品在从生产者向消费者的流通过程中，为了增加附加价值，满足客户需求，促进销售而进行简单的组装、剪切、套裁、贴标签、刷标志、分类、检量、弯管、打孔等加工作业。

流通加工是为了提高物流速度和物品的利用率，在物品进入流通领域后，按客户的要求而进行的加工活动，即在物品从生产者向消费者流动的过程中，为了促进销售、维护商品质量和提高物流效率，对物品进行一定程度的加工。流通加工通过改变或完善流通对象的形态来实现“桥梁和纽带”的作用，因此，流通加工是流通中的一种特殊形式。随着经济增长，国民收入增多，消费者的需求出现多样化，促使在流通领域开展流通加工。目前，在世界许多国家和地区的物流中心或仓库经营中都大量存在流通加工业务，在日本、美国等物流发达国家则更为普遍。

提示板

加工配送

加工配送是指与流通加工相结合的配送。即在配送据点中设置流通加工环节，或是流通加工中心与配送中心建立在一起。如果社会上现成的产品不能满足用户需要，或者是用户根据本身的工艺要求，需要使用经过某种初加工的产品时，可以在经过加工后进行分拣、配货再送货到户。

二、流通加工与生产加工的区别

流通加工和一般的生产型加工在加工方法、加工组织和生产管理等方面并无显著区别，但在加工对象、加工程度等方面差别较大，如表 4-1 所示，其主要区别如下。

表 4-1　生产加工与流通加工的区别

	生产加工	流通加工
加工对象	形成产品的原材料、零配件、半成品	进入流通过程的商品
加工程度	复杂的形成产品主体的加工	简单的、辅助性的补充加工
附加价值	创造价值和使用价值	完善其使用价值并提高附加价值
加工责任人	生产企业	流通企业
加工目的	交换、消费	促进销售、维护质量、实现物流高效率

1. 加工对象不同

流通加工的对象是进入流通过程的商品，具有商品的属性，以此来区别多环节生产加工中的一环。流通加工的对象是商品，而生产加工的对象不是最终产品，而是原材料、零配件或半成品。

2. 加工程度不同

流通加工大多是简单加工，而不是复杂加工，一般来讲，如果必须进行复杂加工才能形成人们所需的商品，那么，这种复杂加工应该专设生产加工过程。生产过程理应完成大部分加工活动，流通加工则是对生产加工的一种辅助及补充。特别需要指出的是，流通加工绝不是对生产加工的取消或代替。

3. 价值观点不同

生产加工的目的在于创造价值及使用价值，而流通加工的目的则在于完善其使用价值，并在不作大的改变的情况下提高价值。

4. 加工责任人不同

流通加工的组织者是从事流通工作的人员，能密切结合流通的需要进行加工活动。从加工单位来看，流通加工由商业或物资流通企业完成，而生产加工则由生产企业完成。

5. 加工目的不同

商品生产是为交换、为消费而进行的生产，而流通加工的一个重要目的是为了消费（或再生产）所进行的加工，这一点与商品生产有共同之处。但是流通加工有时候也是以自身流通为目的的，纯粹是为流通创造条件，这种为流通所进行的加工与直接为消费进行的加工在目的上是有所区别的，这也是流通加工不同于一般生产加工的特殊之处。

实例

新东阳股份有限公司食品流通加工流程图如图 4-1 所示。

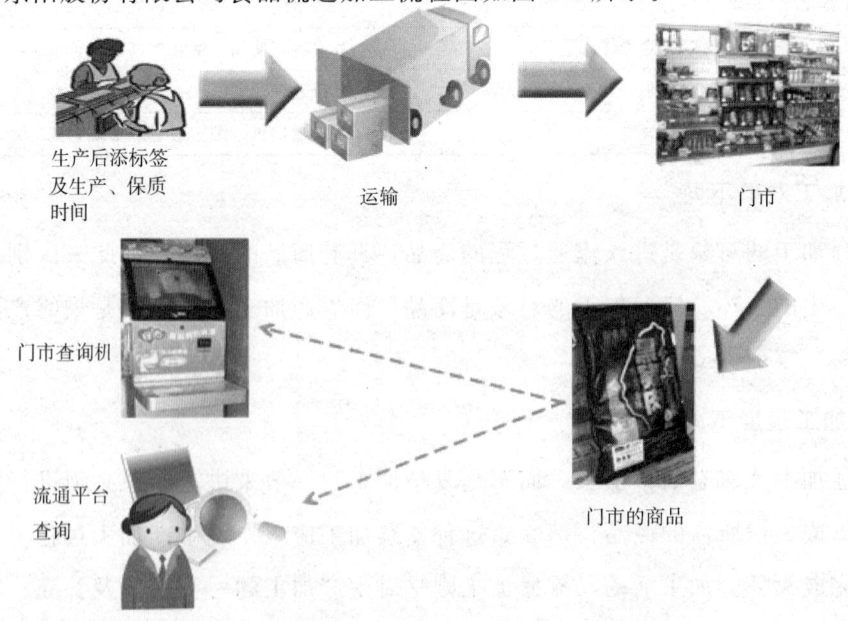

图 4-1　新东阳股份有限公司食品流通加工流程图

三、流通加工的作用

流通加工在整个国民经济的组织和运行方面是一种重要的加工形式，对推动国民经济的发展、完善国民经济的产业结构等方面具有重要的作用。

1. 提高原材料利用率

通过流通加工进行集中下料，将生产厂商直接运来的简单规格的产品，按用户的要求进行下料。例如将钢板进行剪板、切裁，木材加工成各种长度及大小的板、方等。集中下料可以优材优用、小材大用、合理套裁，明显地提高原材料的利用率，有很好的技术经济效果。

2. 进行初级加工、方便用户

用量小或满足临时需要的用户，不具备进行高效率初级加工的能力，通过流通加工可以使用户省去进行初级加工的投资、设备、人力，方便了用户。目前发展较快的初级加工有：将水泥加工成生混凝土，将原木或板、方材加工成门窗，钢板的预处理、整形等。

3. 提高加工效率及设备利用率

在分散加工的情况下，加工设备由于生产周期和生产节奏的限制，设备利用时松时紧，使得加工过程不均衡，设备加工能力不能得到充分发挥。而流通加工面向全社会，加工数量大，加工范围广，加工任务多。这样可以通过建立集中加工点，采用一些效率高、技术先进、加工量大的专门机具和设备，一方面提高了加工效率和加工质量，另一方面还提高了设备利用率。

4. 有效地完善了流通

流通加工在实现时间效用和场所效用这两个重要功能方面，确实不能与运输和保管相比，因而，流通加工不是物流的主要功能要素。另外，流通加工的普遍性也不能与运输、保管相比，流通加工不是对所有的物流活动都是必需的。但这绝不是说流通加工不重要，实际上它也是不可轻视的，它具有补充、完善、提高与增强的作用，能起到运输、保管等其他功能要素无法起到的作用。所以，流通加工的地位可以描述为：提高物流水平，促进流通向现代化发展。

实例

流通加工是物流的重要利润来源

流通加工是一种低投入、高产出的加工方式，往往以简单加工解决大问题。实践中，有的流通加工通过改变商品包装，使商品档次升级而充分实现其价值；有的流通加工可将产品利用率大幅提高30%，甚至更多。这些都是采取一般方法以期提高生产率所难以做到的。实践证明，流通加工提供的利润并不亚于从运输和保管中挖掘的利润，因此，流通加工是物流业的重要利润来源。

四、流通加工的类型

根据不同的目的，流通加工可以分为以下几种类型。

1. 为满足需求多样化进行的服务性加工

生产部门为了实现高效率、大批量的生产，其产品往往不能完全满足用户的要求。这样，为了满足用户对产品多样化的需要，同时又要保证高效率的大生产，可将生产出来的单一化、标准化的产品进行多样化的改制加工。例如，对钢材卷板的舒展、剪切加工；平板玻璃按需要规格进行的开片加工；木材改制成枕木、板材、方材等加工，如图 4-2 所示。

图 4-2　木材加工

2. 为方便消费、省力进行的加工

根据下游生产的需要将商品加工成生产直接可用的状态。例如，根据需要将钢材定尺、定型，按要求下料；将木材制成可直接投入使用的各种型材；将水泥制成混凝土拌和料，使用时只需稍加搅拌即可使用等。

3. 为保护产品进行的加工

在物流过程中，为了保护商品的使用价值，延长商品在生产和使用期间的寿命，防止商品在运输、储存、装卸搬运、包装等过程中遭受损失，可以采取稳固、改装、保鲜、冷冻、涂油等方式。例如，水产品、肉类、蛋类的保鲜、保质的冷冻加工、防腐加工等，丝、麻、棉织品的防虫、防霉加工等。还有，如为防止金属材料的锈蚀而进行的喷漆、涂防锈油等措施，运用手工、机械或化学方法除锈；木材的防腐朽、防干裂加工；煤炭的防高温自燃加工；水泥的防潮、防湿加工等。

4. 为弥补生产加工不足进行的加工

由于受到各种因素的限制，许多产品在生产领域的加工只能到一定程度，而不能完全实现终极的加工。例如，木材如果在产地完成成材加工或制成木制品的话，就会给运输带来极大的困难，所以，在生产领域只能加工到圆木、板、方材这个程度，进一步的下料、切裁、处理等加工则由流通加工完成（如图 4-3 所示）；钢铁厂大规模的生产只能按规格生产，以使产品有较强的通用性，从而使生产能有较高的效率，取得较好的效益。

图 4-3　板材的进一步处理

5. 为促进销售进行的加工

流通加工也可以起到促进销售的作用。比如，对贝类挑选、除杂，使用粮食加工除杂机去除杂质（如图 4-4 所示）；将过大包装或散装物分装成适合一次销售的小包装的分装加工；将以保护商品为主的运输包装改换成以促进销售为主的销售包装，以起到吸引消费者、促进销售的作用；将蔬菜、肉类洗净切块，以满足消费者的要求；等等。

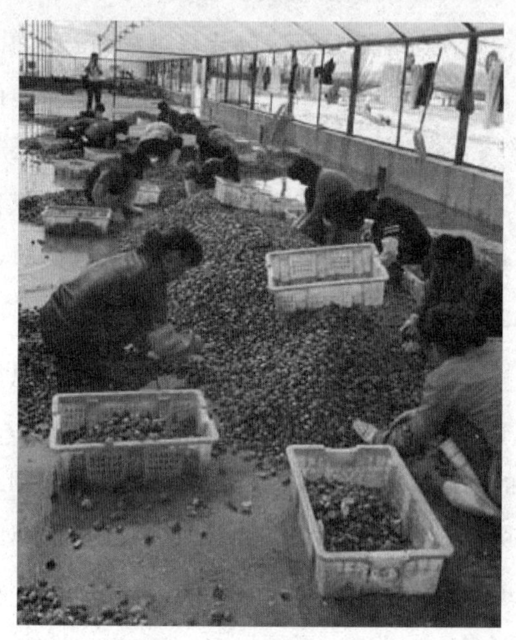

图 4-4　贝类挑选、除杂

6. 为提高加工效率进行的加工

许多生产企业的初级加工由于数量有限，因而加工效率不高。而流通加工以集中加工的形式，解决了单个企业加工效率不高的弊病。它以一家流通加工企业的集中加工代替了若干家生产企业的初级加工，促使生产水平有一定的提高。如将鱼类的内脏加工成某些药物或饲料，将鱼鳞加工成高级黏合剂等，如图 4-5 所示。

7. 为提高物流效率进行的加工

有些商品本身的形态使之难以进行物流操作，而且商品在运输、装卸搬运过程中极易受损，因此需要进行适当的流通加工加以弥补，从而使物流各环节易于操作，提高物流效率，降低物流损失。例如，造纸用的木材磨成木屑的流通加工，如图 4-6 所示，可以极大提高运输工具的装载效率；自行车在消费地区的装配加工可

图 4-5　鱼类加工

以提高运输效率，降低损失；石油气的液化加工，使很难输送的气态物转变为容易输送的液态物，也可以提高物流效率。

图 4-6　木材磨成木屑

8. 为衔接不同运输方式进行的加工

在干线运输和支线运输的节点设置流通加工环节，可以有效解决大批量、低成本、长距离的干线运输与多品种、少批量、多批次的末端运输和集货运输之间的衔接问题。在流通加工点与大生产企业间形成大批量、定点运输的渠道，以流通加工中心为核心，组织对多个用户的配送，也可以在流通加工点将运输包装转换为销售包装，从而有效地衔接不同目的的运输方式。比如，散装水泥中转仓库把散装水泥装袋、将大规模散装水泥转化为小规模散装水泥的流通加工，就衔接了水泥厂大批量运输和工地小批量装运的需要。

9. 为生产—流通一体化进行的加工

依靠生产企业和流通企业的联合，或者生产企业涉足流通，或者流通企业涉足生产，形成的对生产与流通加工进行合理分工、合理规划、合理组织，统筹进行生产与流通加工的安排，就是生产—流通一体化的流通加工形式。这种形式可以促成产品结构及产业结构的调整，充分发挥企业集团的经济技术优势，是目前流通加工领域的新形式。

10. 为实施配送进行的加工

这种流通加工形式是配送中心为了实现配送活动，满足客户的需要而对物资进行的加工。例如，混凝土搅拌车可以根据客户的要求，把沙子、水泥、石子、水等各种不同材料按比例要求装入可旋转的罐中，如图 4-7 所示。在配送路途中，汽车边行驶边搅拌，到达施工现场后，混凝土已经均匀搅拌好，可以直接投入使用。

图 4-7　混凝土搅拌车

实例

流通加工的延迟策略

上海长丰食品公司为提高市场占有率，针对顾客偏好不一的特点，不同的市场设计了几种标签，产品生产出来后运到各地的分销仓库储存起来。然而，几种品牌的同一产品经常出现某种品牌的畅销而缺货，而另一些品牌却滞销压仓的现象。为了解决这个问题，该公司改变以往的做法，在产品出厂时都不贴标签就运到各分销中心储存，当接到各销售网点的具体订货要求后，才按各网点指定的品牌标志贴上相应的标签进行加工，从而有效地解决了此缺彼涨的矛盾，通过采用延迟策略改变配送方式以降低库存水平。

实践训练

流通加工的作用

1. 实训情景

某钢材仓库占地 220 亩，拥有 4 条铁路专用线、10～30 吨起重龙门吊车 10 台，年吞吐钢材近 100 万吨。过去，钢卷进出仓库运输都要用一种专用的钢架固定，以防钢卷滚动。因此，客户在购买钢卷时，必须租用钢架，这样既要支付钢架的租金，又要支付返还钢架的运费。尽管后来一些钢厂开始使用不需返还的草支垫加固运输，但过大的钢卷（如 35 吨一卷）使有些客户无法一次购买使用，如果建议这些客户购买钢厂的成品平板，其成本又会增加很多。因为钢厂的成品平板一般以 2 米倍尺交货，即长度分别为 2 米、4 米、6 米等规格，而一些客户使用的板面长度要求为非标准尺寸，如 3.15 米、4.65 米，甚至 9.8 米，而且有的工艺要求不能焊接，这样的平板不是长度不够就是边角余料大。

2. 实训目标

进一步熟悉流通加工的含义和作用。

3. 实训准备

（1）模拟实训室一间，能容纳 50 个人，多媒体投影仪 1 台，屏幕 1 个，白板 1 个，

（2）对学生进行分组，每组 4 人。

（3）实训用资料表若干、笔、计算器、传真机、电话等。

（4）学生在实训老师的指导下，选择任务情景，按照步骤完成实训，教师可根据需要给出相应的数据和人员信息。

4. 工作步骤

（1）讨论流通加工的含义和作用。

（2）为这家钢材仓库及其客户想一个两全其美的办法。

（3）撰写实训报告。

（4）不同小组总结发言，交流经验。

（5）教师总结。

5. 实训评价

学生根据流通加工作用实训，记录实训中出现的问题和未能完成实训的影响因素，归纳出流通加工作用需要注意的事项，形成书面的实训报告。

教师对各组训练完成情况进行点评。如表 4-2 所示。

表 4-2　流通加工作用

考评人		被考评人	
考评地点			
考评内容	流通加工作用		
考评标准	具体内容	分值	实际得分
	团队精神	10	
	配合程度	10	
	任务完成情况	25	
	实训报告	55	
合　计		100	

注：考评满分为 100 分，60～74 分为及格，75～84 分为良好，85 分及以上为优秀。

任务二　流通加工优化

知识学习

一、流通加工合不合理的表现形式

流通加工合理化的含义是实现流通加工的最优配置，也就是对是否设置流通加工环节、在什么地方设置、选择什么类型的加工、采用什么样的技术装备等问题作出正确的抉择。这样做不仅要避免各种不合理的流通加工形式，而且要做到最优。不合理流通加工形式有如下几种。

1. 流通加工地点设置得不合理

流通加工地点设置即布局状况是决定整个流通加工是否有效的重要因素。一般来说，为衔接单品种大批量生产与多样化需求的流通加工，加工地点设置在需求地区，才能实现大批量的干线运输与多品种末端配送的物流优势。如果将流通加工地点设置在生产地区，一方面，为了满足用户多样化的需求，会出现多品种、小批量的产品由产地向需求地的长距离的运输；另一方面，在生产地增加了一个加工环节，同时也会增加近距离运输、保管、装卸等一系列物流活动。所以，在这种情况下，不如由原生产单位完成这种加工而无须设置专门的流通加工环节。

另外，一般来说，为方便物流的流通加工环节应该设置在产出地，设置在进入社会物流之前。如果将其设置在物流之后，即设置在消费地，则不但不能解决物流问题，又在流通中增加了中转环节，因而也是不合理的。

即使在产地或需求地设置流通加工的选择是正确的，还有流通加工在小地域范围内的正确选址问题。如果处理不善，仍然会出现不合理。比如说交通不便，流通加工与生产企业或用户之间距离较远，加工点周围的社会环境条件不好，等等。

2. 流通加工方式选择不当

流通加工方式包括流通加工对象、流通加工工艺、流通加工技术、流通加工程度等。流通加工方式的确定实际上是与生产加工的合理分工。分工不合理，把本来应由生产加工完成的作业错误地交给流通加工来完成，或者把本来应由流通加工完成的作业错误地交给生产过程去完成，都会造成不合理。

流通加工不是对生产加工的代替，而是一种补充和完善。所以，一般来说，如果工艺复杂，技术装备要求较高，或加工可以由生产过程延续或轻易解决的，都不宜再设置流通加工。如果流通加工方式选择不当，就可能会出现生产争利的恶果。

3. 流通加工作用不大，形成多余环节

有的流通加工过于简单，或者对生产和消费的作用都不大，甚至有时由于流通加工的盲目性，同样未能解决品种、规格、包装等问题，相反却增加了作业环节，这也是流通加工不合理的重要表现形式。

4. 流通加工成本过高，效益不好

流通加工的一个重要优势就是它有较大的投入产出比，因而能有效地起到补充、完善的作用。若流通加工成本过高，则不能实现以较低投入实现更高使用价值的目的，势必会影响它的经济效益。

二、实现流通加工合理化的途径

要实现流通加工的合理化，主要应从以下几方面加以考虑。

1. 加工和配送结合

加工和配送结合就是将流通加工设置在配送点中。一方面，按配送的需要进行加工；另一方面，加工又是配送作业流程中分货、拣货、配货的重要一环，加工后的产品直接投入到配货作业，这就无须单独设置一个加工的中间环节，而使流通加工与中转流通巧妙地结合在一起。同时，由于配送之前有必要的加工，可以使配送服务水平大大提高，这是当前对流通加工作合理选择的重要形式，在煤炭、水泥等产品的流通中已经表现出较大的优势。

2. 加工和配套结合

“配套”是指对使用上有联系的用品集合成套地供应给用户使用。例如，方便食品的配套。当然，配套的主体来自各个生产企业，如方便食品中的方便面，就是由其生产企业配套生产的。但是，有的配套不能由某个生产企业全部完成，如方便食品中的盘菜、汤料等。这样，在物流企业进行适当的流通加工，可以有效地促成配套，大大提高流通作为供需桥梁与纽带的能力。

3. 加工和合理运输结合

我们知道，流通加工能有效地衔接干线运输和支线运输，促进两种运输形式的合理化。利用流通加工，在支线运输转干线运输或干线运输转支线运输等这些必须停顿的环节，不进行一般的支转干或干转支，而是按干线或支线运输合理的要求进行适当的加工，从而大大提高运输及运输转载水平。

4. 加工和合理商流结合

流通加工也能起到促进销售的作用，从而使商流合理化，这也是流通加工合理化的方向之一。加工和配送相结合，通过流通加工，提高了配送水平，促进了销售，使加工与商流合理结合。此外，通过简单地改变包装加工形成方便的购买量，通过组装加工解除用户使用前进行组装、调试的难处，都是有效促进商流的很好例证。

5. 加工和节约结合

节约能源、节约设备、节约人力、减少耗费是流通加工合理化重要的考虑因素，也是目前我国设置流通加工并考虑其合理化的较普遍形式。

对于流通加工合理化的最终判断，是看其是否能实现社会的和企业本身的两个效益，而且是否取得了最优效益。流通企业更应该树立社会效益第一的观念，以实现产品生产的最终利益为原则，只有在生产流通过程中以不断补充、完善为己任的前提下才有生存的价值。如果只是追求企业的局部效益，不适当地进行加工，甚至与生产企业争利，这就有违于流通加工的初衷，或者其本身已不属于流通加工的范畴。

实例

水泥的熟料输送

水泥的流通加工方法较多，集中搅拌混凝土是其中的一种主要加工方法。采用这种水泥流通加工，能够改变在建筑工地现场拌制混凝土的方式、方法。这种流通加工的效益，优于直接供应或购买水泥在工地现场搅拌制作混凝土的技术经济效益。这种流通加工方式已经受到许多国家的重视。这种水泥流通加工方法，可以组织现代化大生产、促进建筑工业化，有利于提高散装水泥的使用量；可以广泛采用现代科学技术和设备，提高混凝土的质量和生产效率；可以集中搅拌设备，减少环境污染；在相等的生产条件下，能大幅度减少设备、设施、电力、人力等费用；可以优化水泥物流过程费用支出，节约生产施工用地，有利于发挥散装水泥运输生产的优越性。

三、加工任务的分配方法：匈牙利法

在企业劳动组织过程中，为了提高人力资源配置的有效性，通常采用运筹学的数量分析方法，例如，在解决员工任务指派问题时，企业普遍采用的一种方法——匈牙利法，就是实现人员与工作任务配置合理化、科学化的典型方法。在应用匈牙利法解决员工任务合理指派问题时，应具备以下两个约束条件：员工数目与任务数目相等；求解的是最小化问题，如工作时间最小化、费用最小化等。下面以实例说明匈牙利法的解题步骤。

假定甲单位有甲、乙、丙、丁、戊五个员工，需要在一定的生产技术组织条件下，完成 A、B、C、D、E 五项任务，每个员工完成每项工作所需要耗费的工作时间如表 4-3 所示。

请求出：员工与任务之间应当如何进行配置，才能保证完成工作任务的时间最短？

表 4-3　各员工完成任务时间汇总表

小时

任务＼员工	甲	乙	丙	丁	戊
A	10	5	9	18	11
B	13	19	6	12	14
C	3	2	4	4	5
D	18	9	12	17	15
E	11	6	14	19	10

注意：由于存在以下两种情况，匈牙利法的计算过程不唯一，最终矩阵的形式也不唯一，但最终配置结果一定相同。

①约减时，可先进行行约减，再进行列约减；也可先进行列约减，再进行行约减。

②“盖 0”线的画法不唯一。

解法如下。

①以各个员工完成各项任务的时间构造矩阵一，如表 4-4 所示。

表 4-4　矩阵一

10	5	9	18	11
13	19	6	12	14
3	2	4	4	5
18	9	12	17	15
11	6	14	19	10

②对矩阵一进行行约减，即每一行数据减去本行数据中的最小数，得到矩阵二，如表 4-5 所示。

表 4-5　矩阵二

5	0	4	13	6
7	13	0	6	8
1	0	2	2	3
9	0	3	8	6
5	0	8	13	4

③检查矩阵二，若矩阵二各行各列均有“0”，则跳过此步，否则进行列约减，即每一列数据减去本列数据中的最小数，得到矩阵三，如表 4-6 所示。

表 4-6　矩阵三

4	0	4	11	3
6	13	0	4	5
0	0	2	0	0
8	0	3	6	3
4	0	8	11	1

④画“盖 0”线。即画最少的线将矩阵三中的 0 全部覆盖住，得到矩阵四，如表 4-7 所示。

表 4-7　矩阵四

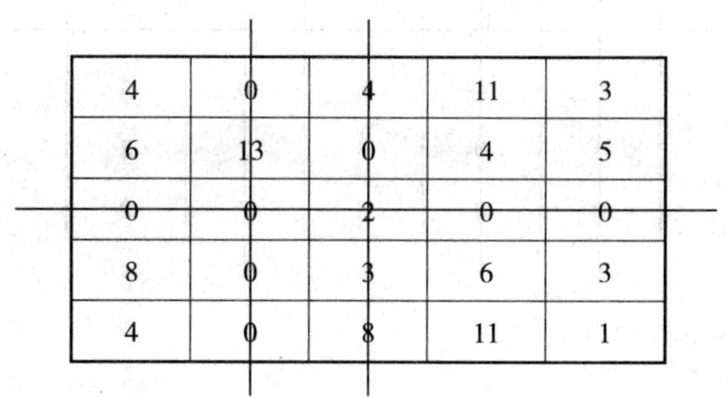

4	0	4	11	3
6	13	0	4	5
0	0	2	0	0
8	0	3	6	3
4	0	8	11	1

操作技巧：从含“0”最多的行或列开始画“盖 0”线。

⑤数据转换。若“盖 0”线的数目等于矩阵的维数，则跳过此步；若“盖 0”线的数目小于矩阵的维数，则进行数据转换。本例属于后一种情况，应进行转换，操作步骤如下：

• 找出未被“盖 0”线覆盖的数中的最小值，本例为 1。

• 将未被“盖 0”线覆盖住的数减去。

• 将“盖 0”线交叉点的数加上。

本例的结果见表 4-8（矩阵五）。

表 4-8 矩阵五

3	0	4	10	2
5	13	0	3	4
0	1	3	0	0
7	0	3	5	2
3	0	8	10	0

⑥重复④步和⑤步（计算过程见表 4-9），直到“盖 0”线的数目等于矩阵的维数。本例的最终矩阵见表 4-10 所示。

表 4-9 矩阵五的（a）和（b）

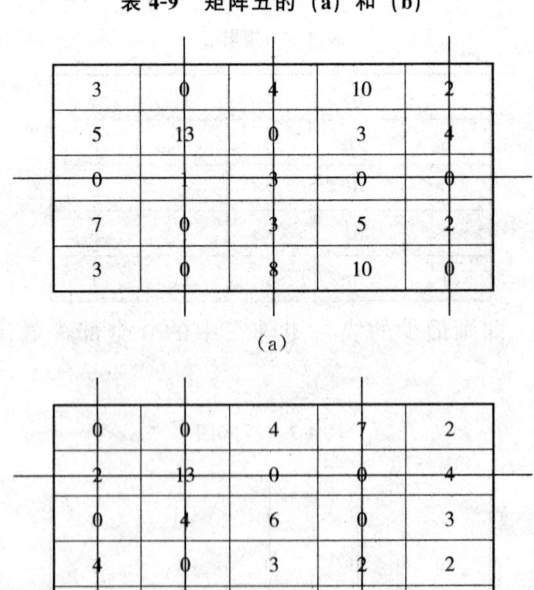

3	0	4	10	2
5	13	0	3	4
0	1	3	0	0
7	0	3	5	2
3	0	8	10	0

（a）

0	0	4	7	2
2	13	0	0	4
0	4	6	0	3
4	0	3	2	2
0	0	8	7	0

（b）

表 4-9　矩阵六

0	0	4	7	2
2	13	0	0	4
0	4	6	0	3
4	0	3	2	2
0	0	8	7	0

⑦求最优解。对 n 维矩阵，找出不同行、不同列的 n 个“0”，每个“0”的位置代表一对配置关系，具体步骤如下：

• 先找只含有一个“0”的行（或列），将该行（或列）中的“0”打“√”；

• 将带“√”的“0”所在的列（或行）中的“0”打“”；

• 重复前两步至结束。若所有的行、列均含有多个“0”，则从“0”的数目最少的行或列中任选一个“0”打“√”。

其结果如表 4-11（矩阵七）所示，即员工甲负责任务 A，员工乙负责任务 D，员工丙负责任务 B，员工丁负责任务 C，员工戊负责任务 E。参照表 4-11 各员工完成任务时间汇总表，得出如表 4-12 所示的员工配置最终结果。

表 4-11　矩阵七

0√	0×	4	7	2
2	13	0√	0×	4
0×	4	6	0√	3×
4	0√	3	2	2
0×	0×	8	7	0√

表 4-12　员工配置最终结果

小时

员工 任务	甲	乙	丙	丁	戊
A	10				
B			6		
C				4	
D		9			
E					10

四、流通加工技术

1. 食品的流通加工

流通加工最多的是食品行业，为了便于保存，提高流通效率，食品的流通加工是不可缺少的。主要有：冷冻加工，解决一些商品需要低温保质保鲜的问题，主要是生鲜食品，如鲜肉、鲜鱼等在流通中的保鲜及搬运装卸问题；分选加工，为获得一定规格的产品，采取人工或机械分选的方式加工，广泛用于果类、瓜类、谷物、棉毛原料等；精制加工，在产地或销售地设置加工点，去除无用的部分，甚至可以进行切分、洗净、分装等加工，可对加工的淘汰物进行综合利用；分装加工，在销售地区按所要求的零售起点量进行新的包装，即大包装改小包装、散装改小包装、运输包装改销售包装。

知识链接

食品冷链行业数据统计

目前，我国有肉类食品厂家2500多家，年产肉类7244万吨，产量以每年5%左右的速度递增，占世界肉类总产量的十分之一；速冻食品厂2000多家，年产量超过850万吨；冷饮业4000多家，其中有规模的有194家，年产量150多万吨，产量以每年7%的速度递增；乳品业1500多家，产量800多万吨，每年以30%的速度增长；水产品产量4400万吨，每年以4%的速度递增。

2. 钢板剪切及下料加工

钢板剪切加工是在固定地点设置剪板机，下料加工是设置各种切割设备，将大规格的钢板裁小，或切裁成毛坯，便利用户。包括卷板的开卷与剪切、线材的拉直与裁剪等。

3. 木材的流通加工

木材的流通加工可依据木材的种类和地点等决定加工方式。在木材产区可对原木进行流通加工，使之成为容易装载、易于运输的形状，如实行集中下料、按客户要求供应规格料，可以使原木利用率提高到95%，出材率提高到72%左右，有相当好的经济效益；木屑也可制成便于运输的形状，以供进一步加工，这样可以提高原木的利用率、出材率，也可以提高运输效率，具有相当可观的经济效益。

应用小案例

英国的木材加工

英国采取的方法是：在林木生产地就地将原木磨成木屑，然后压缩使之成为密度较大、容易装运的形状，之后运至靠近消费地的造纸厂，取得了较好的效果。根据英国的经验，采取这种方法比直接运送原木节约一半的运费。

4. 轻工业产品的流通加工

有些商品不易进行包装，如进行防护包装，包装成本过大，并且运输装载困难，装载效率低，流通损失严重。但这些货物有一个共同的特点，即装配较简单，装配技术要求不高，主要功能已在生产中形成，装配后不需进行复杂的检测及调试，所以，为解决储运问题，降低储运费用，采用半成品（部件）高容量包装出厂，在消费地拆箱组装的方式。组装一般由流通部门在所设置的流通加工点进行，组装之后随即进行销售。如木制家具（如图 4-8 所示）、自行车组装加工等。

5. 煤炭的流通加工

煤炭的流通加工有多种形式，如除矸加工、配煤加工、煤浆加工等。除矸加工可提高煤炭的运输效益和经济效益，减少运输能力的浪费；煤浆加工可以采用管道运输方式运输煤浆，减少煤炭消耗，提高煤炭利用率；配煤加工可以按所需发热量生产和供应燃料，防止热能浪费。煤炭的消耗量非常大，进行煤炭流通加工的潜力也非常大，可以大大节约运输能源，降低运输费用，具有很好的技术和经济价值。

6. 天然气、石油气等气体的流通加工

由于天然气、石油气等气体输送、保存都比较困难，天然气及石油气往往只好就地使用。如果当地资源充足而用不完，往往就地燃烧掉造成浪费和污染。“两气”的输送可以采用管道，但因投资大、输送距离有限也受到制约。在产出地将天然气

图 4-8　木制家具的包装

或石油气压缩到临界压力之上，使之由气体变成液体，就可用容器装运，使用时机动性较强，这是目前采用较多的方式。

五、流通加工设备

流通加工设备是完成流通加工任务的专用机械设备。流通加工设备通过对流通中的商品进行加工，改变或完善商品的原有形态来实现生产与消费的“桥梁和纽带”作用。

1. 食品的流通加工设备

食品的流通加工设备，依据流通加工项目可分为冷冻加工设备、分选加工设备、精制加工设备、分装加工设备。

（1）冷冻加工设备

冷冻加工设备主要解决一些商品需要低温保质保鲜的问题，主要是生鲜食品，如鲜肉、鲜鱼等在流通中的保鲜及搬运装卸问题。低温加工设备也可用于某些液体商品、药品的流通加工，如图 4-9 和图 4-10 所示。

（2）分选加工设备

分选加工设备用于按照一定规格、质量标准对一些农副产品进行分选加工，比如果类、瓜类、谷物、棉毛原料等产品。农副产品的规格、质量离散情况较大，为高效地获得一定规格、质量的产品，需要采用相关设备对其进行分选加工，如图 4-

11 所示。

图 4-9　绞肉机

图 4-10　锯骨机

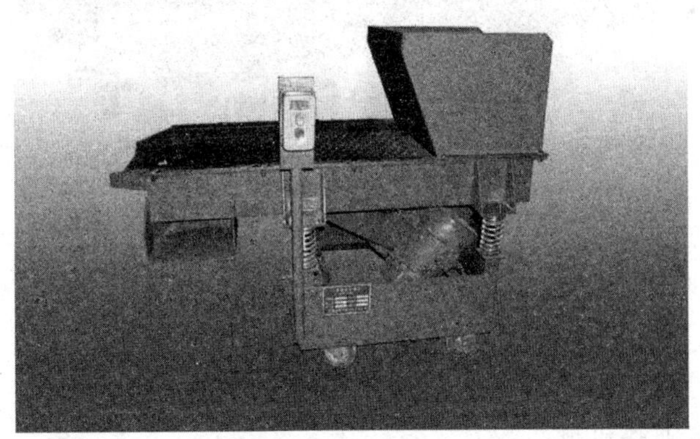

图 4-11　自动分选机

（3）精制加工设备

精制加工设备用于去除食品的无用部分后，再进行切分、洗净等加工。不但可使产品进行分类销售，还可对加工的淘汰物进行综合利用。比如，利用鱼鳞的精制加工所剔除的鱼鳞可以制成高级黏合剂，头、尾可以制成鱼粉，某些内脏可以制药或制成饲料等。

(4) 分装加工设备

分装加工设备用于将运输包装改为销售包装。许多生鲜食品零售起点较小，而为保证高效运输出厂，包装体积则较大，在销售地区需要按所要求的零售起点进行新的包装，即大包装改小包装、散装改小包装、运输包装改销售包装等。

2. 木材的流通加工设备

木材是密度轻的物资，在运输时占相当大的容积，能使车、船满装但不能满载，而且装车、捆扎也比较困难，需要利用机械设备对木材进行磨制、压缩、锯裁等加工。

木材加工设备主要有两类。

(1) 磨制、压缩木屑机械

在林木产地就地将原木磨成木屑，压缩为密度较大且容易装运的形状，运至靠近消费地的造纸厂，比直接运送原木节约 50%的运费。单片纵据机如图 4-12 所示。

图 4-12 单片纵锯机

(2) 集中开木下料机械。

利用木锯机（如图 4-13 所示）等机械将原木锯裁成各种规格的锯材，将碎木、碎屑集中加工成各种规格的板，还可根据需要进行打眼、凿孔等初级加工。

3. 煤炭的流通加工设备

煤炭的流通加工有多种形式，除矸加工、煤浆加工、配煤加工等。煤炭加工机械是对煤炭进行加工的机械，主要包括除矸加工机械、管道输送煤浆加工机械、配煤加工机械等。

图 4-13　末锯机

4. 水泥的流通加工设备

水泥的流通加工设备主要包括混凝土搅拌机械、混凝土搅拌站、混凝土输送车、混凝土输送泵、车泵等。混凝土搅拌机械是水泥加工中常用设备之一，它是制备混凝土，将水泥、骨料、砂和水（有时还掺加外加剂）均匀搅拌的专用机械。

5. 平板玻璃的流通加工设备

在流通中，用于玻璃的加工设备主要是指对玻璃进行切割等加工的专用机械，包括各种各样的切割机，如图 4-14 所示。在流通中对玻璃进行精加工还需清洗机、

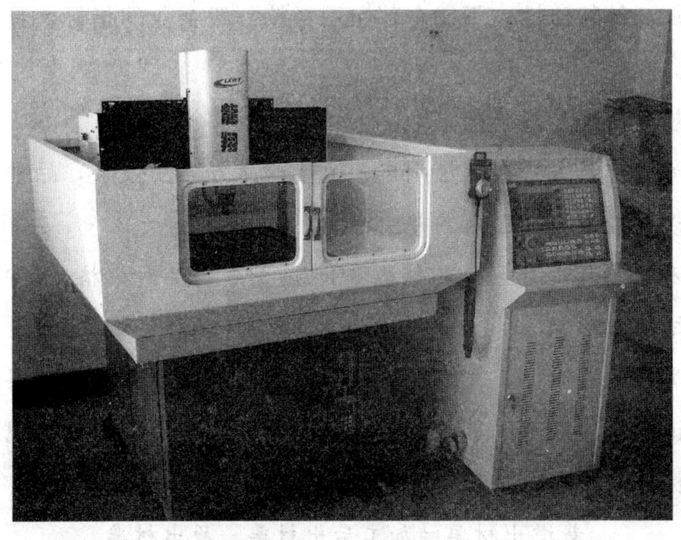

图 4-14　数控玻璃雕刻机

磨边机、雕刻机、烤花机、钻花机、丝网印刷机、钢化和夹层装备、拉丝机、拉管机、分选机、堆剁机、瓶罐检验包装设备、玻璃技工工具、金刚石砂轮等。

知识链接

冷链物流（Cold Chain logistics）

冷链物流是指冷藏冷冻类货物在生产、储藏、运输、销售等在消费前的各环节中始终处于规定的低温环境下，以保证货物质量，减少物品损耗的一项系统工程，也称低温物流（Low Temperature Logistics）。

六、流通加工的经济技术指标

1. 流通加工建设项目可行性指标

流通加工仅是一种补充性加工，规模、投资都必然远低于一般生产性企业，其投资特点是：投资额较低，投资时间短，建设周期短，投资回收速度快且投资收益较大。因此，投资可行性可采用静态分析法。

2. 流通加工环节日常管理指标

由于流通加工的特殊性，不能全部搬用考核一般企业的指标，具体的指标包括以下几个方面。

（1）品种规格增加量及增加率

反映某些流通加工方式在满足用户、衔接产需方面的效果，品种规格增加额以加工后品种、规格数量与加工前的差决定。

品种规格增加率＝品种规格增加额/加工前品种规格×100％

（2）资源增加量指标

反映某些类型的流通加工在增加材料利用宰、出材率方面的效果指标。这个指标不但可提供证实流通加工的重要性数据，而且可具体用于计算微观及宏观经济效益。其具体指标分新增出材率和新增利用率两项：

新增出材率＝加工后出材率－原出材率

(3) 增值指标

反映经流通加工后单位产品的增值程度，以百分率表示，计算公式为：

增值率＝（产品加工后价值－产品加工前价值）/产品加工前价值×100%

实例

我国太晚大荣集团的冷链物流如图 4-15 所示。

T.JOIN（BVI）LOGISTICS 提供全国性仓储、流通加工、配送等物流整体服务，让商品从一出厂就得到完善的物流规划与专业服务；不论从仓储管理、资料交换、货件配送、流通加工、拆柜，以及配送后的各项讯息回馈的全方位专业服务，让您的仓储、加工、配送作业一次完成，节省企业团体许多作业上的人力、空间、时间成本。并将高附加价值的低温物流服务成功带入大陆地区。

大荣专利（蓄冷箱）

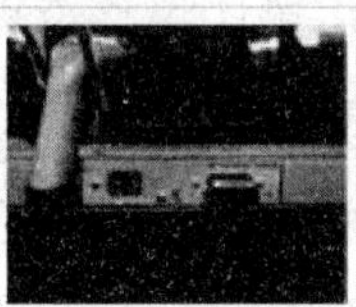
辅助拣货系统-CAPS

低温仓储

低温理货

图 4-15　我国台湾大荣集团的冷链物流

实践训练

流通加工作业

1. 实训情景

超市调查及实训室模拟操作。

2. 实训目标

常见的包装材料的认知及灵活运用各种包装技术，掌握超市中典型的流通加工作业。

3. 实训准备

(1) 在 150 平方米的实训室进行，每 6 人一组，每组选一个组长，每人担当一个角色。

(2) 实训室具备打包箱若干，模拟商品若干（包括箱装、袋装等），手动打包机和半自动打包机各 2 台，条码打印机 1 台，托盘搬运车、手动堆高车、电动堆高车各 2 台，木托盘 6 个，网罩、框架、胶带若干。

4. 工作步骤

(1) 对商品进行加工

①对颗粒状物品采用袋装方式。根据需要，将整袋颗粒状货物拆分成 3～5 个单位，如 1kg，2kg，5kg；对这 3～5 个单位再采用合理的包装方式重新进行包装；用条码打印机打出相应的条码贴在货物外包装上；用电脑打印机打印出商品名称等贴在货物的外包装上。

②对小盒装物品采用箱装方式。根据需要，将整箱货物拆分成 3～5 个较小单位；对这 3～5 个单位再采用合理的包装方式重新进行包装；用条码打印机打出相应的条码贴在货物外包装上；用电脑打印机打印出商品名称等贴在货物的外包装上。

(2) 商品分拣

将拆分后的货物按照客户的要求进行分类摆放（客户需求量自定，客户需求地自定），以备下一步的配送。

(3) 商品保存

将余下的商品用搬运设备放置到相应的货架或储存地。

5. 实训评价

学生根据订单流通加工实训，记录实训中出现的问题和未能完成实训的影响因素，归纳出流通加工作业需要注意的事项，形成书面的实训报告。

教师对各组训练完成情况进行点评。如表 4-13 所示。

表 4-13　流通加工作业

考评人		被考评人	
考评地点			
考评内容	流通加工作业		
考评标准	具体内容	分值	实际得分
	在规定时间内完成操作	10	
	表格设计的正确性	10	
	任务完成情况	25	
	实训报告	55	
合　　计		100	

注：考评满分为 100 分，60～74 分为及格，75～84 分为良好，85 分及以上为优秀。

复习思考

一、名词解释

1. 流通加工。

2. 生产加工。

3. 匈牙利法。

二、选择题（不定项）

1. 流通加工中的加工是改变产品物质的（　　），形成一定产品的活动。

A. 形状和空间状态　　B. 形状和性质

；C. 空间状态和时间状态　　D. 性质和时间状态

2. 流通加工是满足用户需求，提高服务功能的（　　）的活动。

A. 高附加值　　B. 附加加工

C. 必要的附加加工　　D. 一般加工

3. 在物流活动中具有重要的衔接作用，是衔接仓库和顾客需求的关键环节，这是指流通加工中的（　　）活动。

A. 贴标签　　B. 搬运

C. 货物分拣　　D. 装卸

4. 属于生产资料流通加工的是（　　）。

A. 木材的流通加工

B. 玻璃的流通加工

C. 水泥的流通加工

D. 大包装或散装物分装成适合一次销售的小包装的分装加工

5. 实现流通加工合理化主要考虑以下哪些方面？(　　)。

A. 加工和配套结合　　B. 加工和配送结合

C. 加工和合理商流相结合　　D. 加工和合理运输结合

6. 不合理流通加工的几种主要形式有（　　）。

A. 流通加工的作用不大，形成多余的环节

B. 流通加工的成本过高，效益不好

C. 流通加工地点设置不合理

D. 流通加工方式选择不当

三、简答题

1. 简述流通加工的作用。

2. 简述流通加工不合理的表现形式。

3. 简述流通加工的经济技术指标。

课外拓展

课外阅读指南：客户管理相关书籍，配送管理相关书籍，办公自动化相关书籍。

学习素材准备：沈文天主编，《配送作业管理》，高等教育出版社，2012 年 4 月出版；

钱廷仙主编，《现代物流管理》，高等教育出版社，2009 年 3 月出版；

朱华主编，《配送中心管理与运作》，高等教育出版社，2009 年 3 月出版。

网络学习指南：http：//www.chinawuliu.com.cn/zixun/class _ 10.shtml/中国物流与采购网/资讯中心/仓储配送；

http：//www.chinawuliu.com.cn/xsyj/class _ 67.shtml /中

国物流与采购网/学术研究/论文荟萃/配送与连锁；

http：//bbs. chinawutong. com/中国物流论坛；

http：//www. peisong. biz/ 中国配送网；

http：//www. totallogistics. com. cn/天津全程物流配送有限公司。

总结提高

流通加工管理总结提高表如表 4-14 所示。

表 4-14　流通加工管理总结提高表

项目四　流通加工管理		
问　题	总　结	提高（建议）
你学习本模块最大的收获是什么？		
你认为本模块最有价值的内容是什么？		
哪些内容（问题）你需要进一步了解或得到帮助？		
为使你的学习更有效，你对本模块的教学有何建议？		
学生签字： 年　月　日		

项目五　补货及退货管理

学习目标

【知识目标】

能阐述补货作业的概念和流程，掌握各种补货方式和选择补货时机的方法；掌握商品退货的处理方法和退货流程。

【技能目标】

会根据实情制订补货方案并实施，能够判断需要退货的商品并采用合理的退货方法。

【职业能力目标】

培养良好的职业道德，树立服务质量高于效率的理念；树立敏感的成本意识，节省企业的每一分钱；培养完成分拣作业和补货作业的方法能力和社会能力；树立效率意识、责任意识。

工作情景

在当今以客户为中心的市场中，顾客可以在任何时候买到想要的任何商品，付款方式也可以自己选择，因此，仅仅在产品的供应和价格上竞争已经不再是最有效的策略，想顾客之所想，从首次接触到售后服务，时刻关注顾客的体验，才是有别于其他公司的关键。一个零售企业要想拥有稳定的顾客群和较低的运营成本，在激烈的竞争中处于优势地位，必须拥有一个高效的退货系统。一般而言，零售企业可以通过以下两条途径来提高退货管理的效率、降低退货管理的成本：一是针对顾客和上游厂商分别制订退货政策；二是建立逆向物流体系对退货进行管理。

任务描述

补货作业的目的是及时地满足客户的订单，因此，在补货过程中，要根据客户的订单需求选择合理的补货时机和补货方式。退货管理中最重要的一点就是尽量减少退货量。一个企业不可能完全避免退货，但是可以通过建立退货制度使退货最小化。对于零售企业来说，退货制度应分为两种情况：一是对顾客制订一个简单易行的退货制度；二是通过和上游企业建立战略伙伴关系，协商制订能达到双赢局面的退货政策。在当今顾客至上的大环境中，想通过限制顾客退货来减少退货量是不可能的，而通过制订一个简单易行的退货制度，对顾客的退货快速作出反应（如接受退货产品，退回购买产品的资金），提升企业在顾客心中的形象，降低管理成本，无疑是一个最好的选择。现在，大部分零售企业在规定的时间内为消费者提供全额退货，在制订退货制度时，应包括以下几个方面：退货的时间期限，办理退换货的地点，在退换货时顾客所应办理的手续。

下面将分别对这些任务进行确认，并对任务的实施给予理论与实际操作的指导。

任务一　补货认知

知识学习

一、补货的概念

补货作业就是将货物从仓库保管区域转移到另一个为了方便订单拣取的拣货区域，并将该转移作业进行书面处理的活动。补货作业一定要小心计划，不仅是为了确保拣货区的库存量，也是为了将其安置于方便存取的位置。

补货作业（Replenishment）：从保管区将物品移到拣货区域，并作相应信息处理的活动。（《物流中心作业通用规范》GB/T 22126－2008）详细地指配送中心拣货区的存货低于设定标准的情况下，将货物从仓库保管区域搬运到拣货区的作业活动。

补货作业的目的是为了将正确的货物在正确的时间、正确的地点，以正确的数量和最有效的方式送到指定的拣货区，保证拣货区随时有货可拣，能够及时满足客户订货的需要，以提高拣货的效率。补货作业流程如图 5-1 所示，补货单如表 5-1 所示。

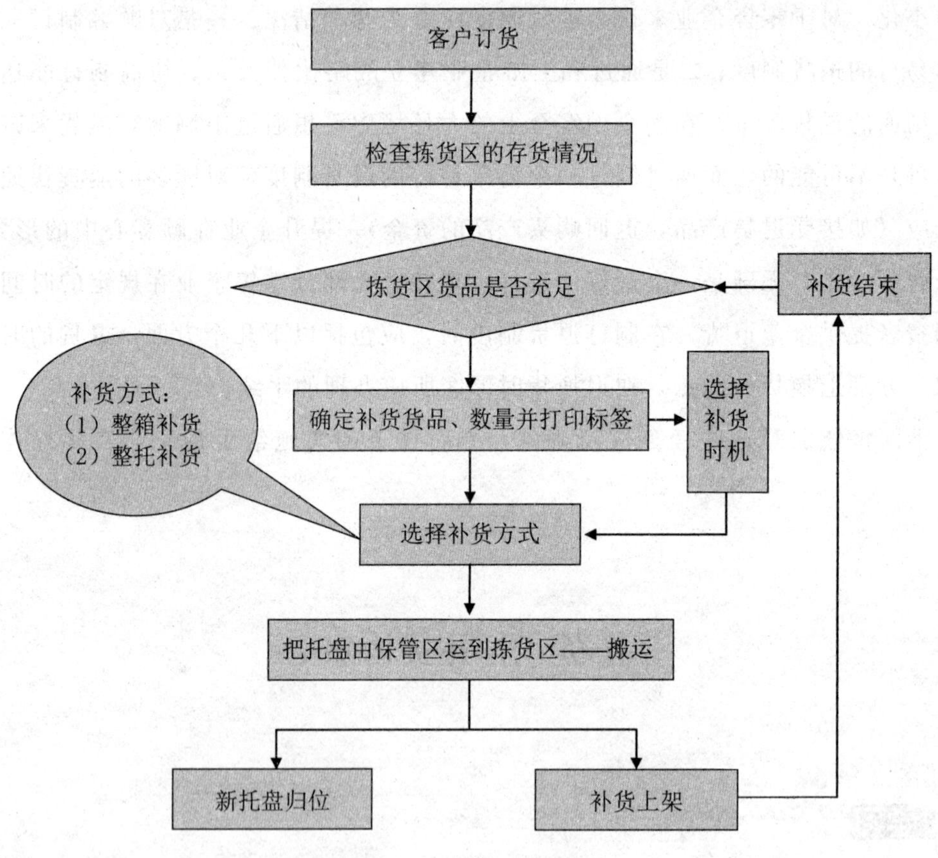

图 5-1　补货作业流程

表 5-1　补货单

货品类别　　　　补货日期/时间　　　　本单编号：

项次	品名	单位	货品代码	源储位	目的储位	最低/最高存货量	补货量	实际补货量

知识链接

自动补货系统（Automatic Replenishment Programs，ARP）

自动补货系统（Automatic Replenishment Programs，ARP）是一种利用销售信息、订单经由 EDI 连接合作伙伴的观念，合作伙伴之间必须有良好的互动关系，并且利用电子信息交换等方式提供信息给上下游。也就是说，ARP 是一种库存管理方案，以掌控销售信息和库存量作为市场需求预测和库存补货的解决方法，由销售信息得到消费需求信息，供应商可以更有效地计划、更快速地反应市场变化和用户需求。因此，ARP 可以用来作为降低库存量、改善库存周转，进而维持库存量的最佳化，而且供应商与批发商可以分享重要信息，双方都可以改善需求预测、补货计划、促销管理和运输装载计划等。

二、保管储区与动管储区

1. 保管储区与动管储区的概念

保管储区是指对货物进行储存的区域，而动管储区是指在拣货作业时所使用的拣货区域，此区域的货品大多在短时期即将被拣取出货，其货品在储位上流动频率很高，所以称为动管储区。

动管储区的功能是满足拣货的需求，为了使拣货时间及距离缩短并降低拣错率，就必须在拣取时能很方便、迅速地找到欲拣取的货品所在的位置。

2. 动管储区的设立需求分析

从物料管理的角度来看，储位分为保管储区与动管储区已经能够实现；分成保管储区与动管储区则需二次拣货，但缩短了行走距离与寻找货品的时间。从综合作业时间与效率两者同时考虑，两区域并存确有其必要性；对商品种类作 ABC 分析，将 A 类商品放在动管储区，而 B、C 类商品放在保管储区。

3. 动管储区的整理与整顿

有效地运用整理、整顿，并将货架编号、货品编号、货品名称简明地标示，再利用灯光、颜色进行区分，不但可以提升拣货效率，同时也可以降低拣错率。

知识链接

智能补货

现代的企业在仓库补货的时候，为了摆脱无所依据的盲目的采购货物方式，往往依靠智能化的库房管理软件所自动生成的补货单作为补货的依据。这种依靠软件自动生成补货单，而不再人工制作补货单的补货方式就叫作智能补货。

三、补货方式

与拣货作业息息相关的即是补货问题。补货作业一定要小心地计划，不仅为了确保存量，也要将货物安置于方便存取的位置。

1. 整箱补货

整箱补货是指由料架保管区补货至流动棚架的动管区。此补货方式保管区为料架储放，动管拣货区为两面开放式的流动棚，拣货时，拣货员于流动棚拣取区拣取单品放入浅箱（篮）中，而后放在输送机运至出货区。而当拣取后发觉动管区的存货已低于水准之下，则要进行补货的动作。补货方式为作业员至料架保管区取货箱，以手推车载箱至拣货区，由流动棚架的后方（非拣取面）补货。此保管区动管区储放形态的补货方式较适合体积小且少量多样出货的货品，如图 5-2 所示。

2. 整栈补货

①由地板堆叠保管区补货至地板堆叠动管区：此补货方式保管区为以栈板为单

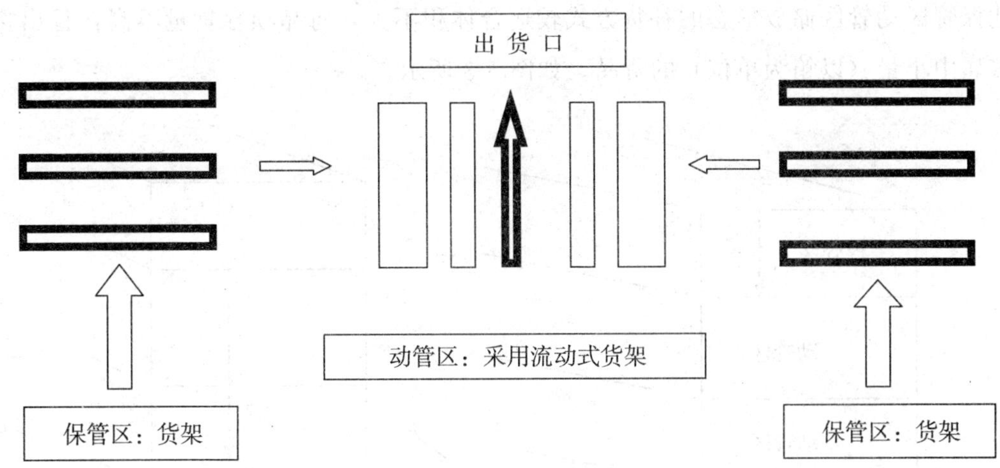

图 5-2　整箱补货示意图

位地板平置堆叠储放，动管区亦为以栈板为单位地板平置堆叠储放，不同之处在于保管区的面积较大，储放货品量较多，而动管区的面积较小，储放货品量较少。拣取时，拣货员于拣取区拣取栈板上的货箱，放至中央输送机出货；或者使用堆高机将栈板整个送至出货区（当拣取大量品项时）。而当拣取后发觉动管拣取区的存货低于水准之下，则要进行补货动作，其补货方式为：作业员以堆高机由栈板平置堆叠的保管区搬运栈板至同样是栈板平置堆叠的拣货动管区。此保管区、动管区储放形态的补货方式较适合体积大或出货量多的货品。

②由地板堆叠保管区补货至栈板料架动管区：此补货方式保管区为以栈板为单位地板平置堆叠储放，动管区则为栈板料架储放。拣取时，拣货员在拣取区搭乘牵引车（walkie tractors）拉着推车移动拣货，拣取后再将推车送至输送机轨道出货。而一旦发觉拣取后动管区的库存太低，则要进行补货动作，其补货方式为：作业员使用堆高机很快地至地板平置堆叠的保管区搬回栈板，送至动管区栈板料架上储放。此保管区、动管区储放形态的补货方式较适合体积中等或中量（以箱为单位）出货的货品。

3. 料架上层到料架下层的补货

此补货方式为保管区与动管区属于同一料架，也就是将一料架上的两手方便取之处（中下层）作为动管区，不容易取之处（上层）作为保管区。而进货时便将动管区放不下的多余货箱放至上层保管区。动管拣取区的货品进行拣货，而当动管区的存货低于水准之下，则可利用堆高机将上层保管区的货品搬至下层动管区补货。

此保管区动管区储放形态的补货方式较适合体积不大，每品项存货量不高，且出货多属中小量（以箱为单位）的货品。如图 5-3 所示。

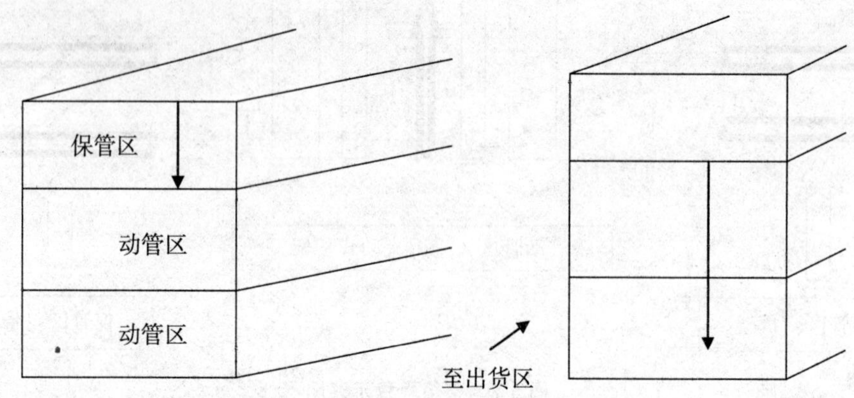

图 5-3　斜架上层至下层的补货方式示意图

四、补货时机

补货作业的发生与否应视动管拣货区的货量是否符合要求，因而要及时检视动管区的存量，及时地将保管区的货补至动管区，以避免拣货中途才发觉动管区的货量不够，还要临时补货影响整个出货时间的情形。对于补货时机的掌握，有如下三种方式。

1. 批次补货

每天由计算机算出所需货物的总拣取量，再查看动管区的存货量后得出补货量，从而在拣货之前一次性补足，以满足全天拣货量。这样一次补足的补货方式比较适合于一日作业量变化不大，紧急插单不多，或者每批次拣取量大的情况。

2. 定时补货

将每天划分为数个时点，补货人员在时段内检视动管拣货区货架上的货品存量，若不足，即马上将货架补满。此为“定时补足”的补货原则，较适合分批拣货时间固定，且处理紧急时间亦固定的公司。

3. 随机补货

指定专门的补货人员，随时巡视动管拣货区的货品存量，有不足随时补货的方式。此为“不定时补足”的补货原则，较适合每批次拣取量不大，紧急插单多以至于一日内作业量不易事前掌握的情况。

五、补货方式的应用

1. 自动仓库补货方式

由自动仓库将商品送至旋转料架的补充入库，可以确定地进行高效率的补充作业，而不必来回地搜寻。如图 5-4 所示。

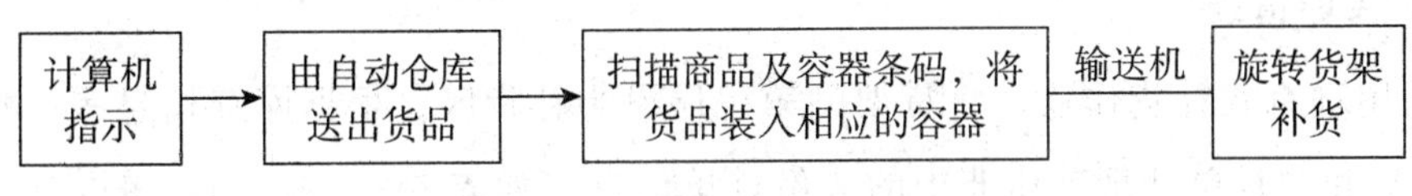

图 5-4　自动仓库补货方式

2. 直接补货方式

此为货品入库时即将必要补货的货品直接送入动管拣货区，而不经由保管区再转送的补货方式。如图 5-5 所示。

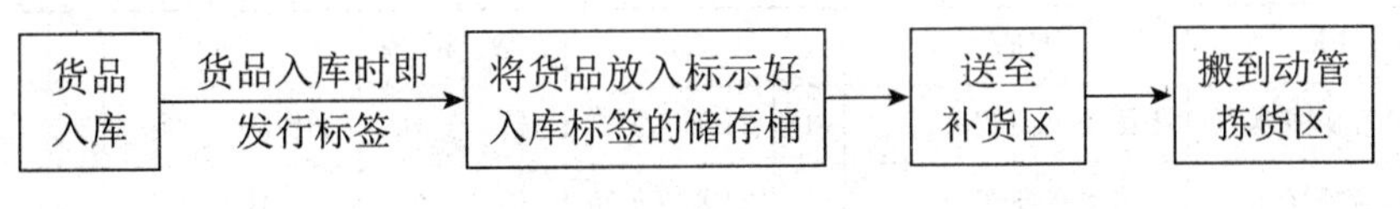

图 5-5　直接补货方式

3. 拣取区采取复仓制的补货方式

英国 BOOTS 公司动管拣取区采用的是相同品项两个相邻栈板的储放，而保管区则分两处进行两阶段的补货，第一保管区为高层料架仓库，第二保管区为动管区旁的临时保管处所。进行第一阶段补货时，先由第一保管区的高层料架提取一栈板量的货品放置于动管区旁的第二保管区，等动管拣货区内某一品项的其中一个栈板拣取完毕后，将空栈板移出，后面的栈板往前推出，再由第二保管区将补货栈板移进动管拣货区，如图 5-6 所示。

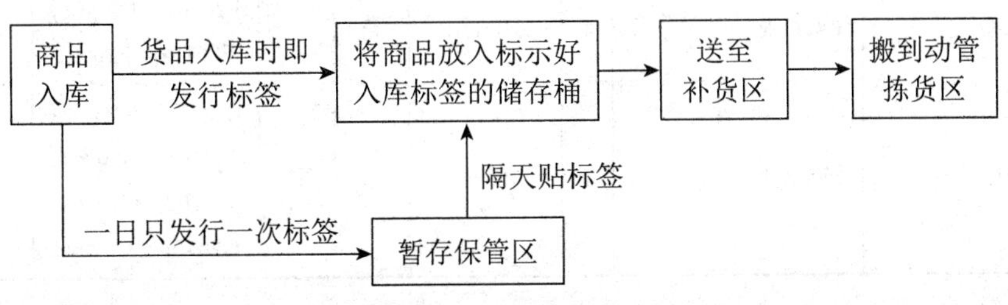

图 5-6　拣取区采取复仓制的补货方式

实践训练

补货作业

1. 实训情景

利用垂直式补货作业，将货架的第一层设为补货区。根据库存信息表（如表 5-2 所示）和“订单处理”作业中的 4 份订单信息（如表 5-3、表 5-4、表 5-5、表 5-6 所示），以保证完成 4 份订单为前提，完成补货单（如表 5-7 所示）。按照补货单上载明的货品和货品储位，完成补货作业。货位编码规则：D0（货架序号）00（层数）00（货位序号）。

表 5-2 库存信息表

XH	PM	GYS	LT	GG	DW	KCSL	KW	JJ	JE
1	康师傅矿泉水	潍坊圣泉商贸	1	24 瓶×1 箱	箱	16	D10102－D10402	20	3200
2	娃哈哈纯净水	潍坊圣泉商贸	1	24 瓶×1 箱	箱	20	C10102－C10502	20	4000
3	农夫山泉	潍坊圣泉商贸	1	24 瓶×1 箱	箱	8	D20102－D20202	20	160
4	苹果味芬达	可口可乐青岛分公司	2	24 瓶×1 箱	箱	20	C20102－C20502	65	22750
5	香橙味芬达	可口可乐青岛分公司	2	24 瓶×1 箱	箱	8	C20302－C0402	65	19500
6	238g 雕牌洗衣皂	潍坊华宇商贸	1	36 块×1 箱	箱	24	C10702－C10802； D10502－D10802	95	38000
7	280g 雕牌洗衣皂	潍坊华宇商贸	1	36 块×1 箱	箱	20	D20702－D20802； C20602－C20802	110	33000
8	五月花卷纸	佳诚纸业	1	1161	箱	28	E20101－E20701； E20102－E20702	75	750
9	清风卷纸	佳诚纸业	1	B01B	箱	24	F20101－F20601； F20102－F20602	95	19000
10	心相印卷纸	佳诚纸业	1	优选	箱	32	E10102－E10402； G20101－G20301； G20102－G20302； G20103－G20603	100	20000

表 5-3　华伟商贸有限公司采购订单

	商品名称	单位	订购数量
1	康师傅矿泉水	箱	7
2	娃哈哈纯净水	箱	5
3	农夫山泉	箱	25
4	苹果味芬达	箱	10
	合计		

表 5-4　华美商贸有限公司采购订单

	商品名称	单位	订购数量
1	娃哈哈纯净水	箱	7
2	农夫山泉	箱	10
3	苹果味芬达	箱	3
4	香橙味芬达	箱	15
5	五月花卷纸	箱	15

表 5-5　四季青商贸有限公司采购订单

	商品名称	单位	订购数量
1	清风卷纸	箱	10
2	香橙味芬达	箱	3
3	238g 雕牌洗衣皂	箱	10
	合计		

表 5-6　彩虹公司采购订单

	商品名称	单位	订购数量
1	280g 雕牌洗衣皂	箱	10
2	五月花卷纸	箱	6
3	清风卷纸	箱	5
4	心相印卷纸	箱	2
5	康师傅矿泉水	箱	10
6	娃哈哈纯净水	箱	14
	合计		

表 5-7　补货单

补货时间：			NO：			
序号	存放储位	品名	货源储位	单位	缺货数量	补货数量

2. 实训目标

掌握补货作业的流程，选择补货时机，进行正确的补货操作。

3. 实训准备

（1）模拟实训室一间，能容纳 50 个人，多媒体投影仪 1 台，屏幕 1 个，白板 1 个。

（2）在 100 平方米的实训室进行，每 6 人一组，每组选一个组长，每 1 人或 2 人担当一个角色。

（3）实训室具备电脑、打印设备及纸张；RF 手持终端；三层货架 2 排；堆高车 2 台、手推车 2 台，木托盘 6 个；胶带若干。

（4）学生在实训老师的指导下，选择任务情景，按照步骤完成实训，教师可根据需要给出相应的数据和人员信息。

4. 工作步骤

（1）查询客户订货。通过计算机系统生成客户订货单，并打印。

（2）在 RF 手持终端上输入订单号码，检查拣货区的存货，或通过目视方法检查拣货区的存货。若没有，则列入补货计划。

（3）选择补货时机。补货作业的发生与否应视动管拣货区的货量是否符合需求，因而应选择合适的时机检查动管区的存量，以及将保管区的货补至动管区，以避免拣货中途才发觉动管区的货量不够，还要临时补货影响整个出货时间的情形。对于此补货时机的掌握有三种方式，至于该选用哪种应视公司决策方向而定。

(4) 选择补货方式。根据要货需求和货物特点，考虑是整箱补货、整托补货还是货架之间的补货。

(5) 补货操作。利用手推车或堆高车将货物补充至空仓位，并用 RF 手持终端扫描货物条码、托盘条码、货位条码，实现“三码合一”定位。

5. 实训评价

学生根据补货作业实训，记录实训中出现的问题和未能完成实训的影响因素，归纳出补货作业需要注意的事项，形成书面的实训报告。

教师对各组训练完成情况进行点评。如表 5-8 所示。

表 5-8 补货作业实训

考评人		被考评人	
考评地点			
考评内容	补货作业实训		
考评标准	具体内容	分值	实际得分
	在规定时间内完成操作	10	
	实训报告	10	
	团队合作表现	25	
	实训中的表现	55	
合　计		100	

注：考评满分为 100 分，60～74 分为及格，75～84 分为良好，85 分及以上为优秀。

任务二 退货认知

知识学习

一、退货的概念

退货（sales return）是指买方将不满意的商品退还给卖方的过程。退货的原因一般有以下几种：

①商品质量或包装有问题，顾客退回后，门店收货部再转退给供应商；

②存货量太大或商品滞销，门店消化不了，退还给供应商；

③商品未到保质期，即已变质或损坏。

做好商品退货的意义有以下几个方面：

①做好商品的退换货工作可以满足客户需要，吸引大量订单；

②做好商品的退换货工作可以建立良好的企业形象；

③做好商品的退换货工作可以提高资源的利用率。

二、返品作业流程

1. 返品出现原因

①协议退货。与仓库订有特别协议的季节性货物、试销货物、代销货物等，协议期满后，将剩余货物予以退回。

②瑕疵品退回。对于质量不符合要求的货物，应予退回。

③搬运中损坏的商品退回。

④货物过期退回。有保质期的货物在送达接收单位时或销售过程中过期，应予退回。

⑤货物送错退回。送达客户的货物不是订单所要求的货物，如货物条码、品项、规格、重量、数量等与订单不符，应予退回。

知识链接

回收物流

回收物流（returned logistics）是指不合格物品的返修、退货以及周转使用的包装容器从需方返回到供方所形成的物品实体流动。

2. 返品作业流程

返品处理作业过程包括验收、整理、良品入库（拒收退）和不良品退仓四个子过程。

（1）返品验收作业

退货收货员根据配送员带回来的退货单核对退货名称、数量、规格、保质期等信息，若实际货品与退货单信息不一致，找配送员进行差异处理，并对回单进行确认。

（2）返品整理作业

退货整理员将退后收货员验收好的货品按照供应商、生产日期、货品的状态分类整理放入物流箱中，然后对退货良品用 RF 终端扫描。根据 RF 终端显示的信息对归属不同区域的货品进行分类。

（3）良品入库（拒收退）

①良品入库：分类整理好的良品，交仓管员验收。仓管员验收核对货品名称、数量、规格、保质期等信息，确认无误后用 RF 手持终端扫描，并根据 RF 手持终端提示的信息，将货品放入指定货位，存放好货品后扫描货位条码。

②拒收退作业：对于不符合退货条件的货品，退货整理员整理后由配送员下次带回给客户并附带拒收退原因。

（4）不良品退仓作业

不良品移交供应商，供应商审核退货，若发现不符合退货条件，与退货部门处理差异，符合退货条件的货品退回供应商处理。

三、返品作业管理

1. 退货原因统计分析

出现返品对于一个配送中心来说，产生的是成本。因此，企业应分析返品出现的原因，做好统计工作，以便在日后的工作中减少这样的情况出现。

知识链接

返品率

返品率＝一定时间内累计返品的数量÷一定时间内产品总销售的数量×100％

2. 退货处理办法

（1）无条件重送货

对由于送货发生错误的情形，应将错送货物调回，重新按原正确的订单发货。

(2) 运输单位赔偿

对于因运输途中产品受到损坏而发生退货的，根据退货情况，由发货人确定所需是修理费用还是赔偿金额，然后由运输单位负责赔偿。

(3) 收取费用，重新发货

对于退货责任在客户方的情况，也可以允许退货，但要收取一定的费用，然后根据客户的新订货单重新发货。

(4) 重新发货或替代

对于产品有缺陷，客户要求退货，应在货物退回后重新补发同一种货物或者替代货物。

知识链接

退货协议（范本）

退货协议

甲方（购货方）：

地址：

邮编：

电话：

法定代表人：

乙方（销货方）：

地址：

邮编：

电话：

法定代表人：

第一条　货物描述

货物名称

规格型号 单位 数量 单价 金额 税率 税额

价税合计：(大写)(小写)

第二条　退货原因

乙方延迟交货，且材料不符合订单，未能保证甲方顺利使用。

第三条　双方责任

（一）甲方责任：按约定退还货物。

（二）乙方责任：退还已付的货款。

如有未尽事宜，由双方另行商定。

第四条　协议生效、中止与结束

（一）本协议需经双方签字认可后有效，生效日期以甲乙双方中最后一方签字或盖章）的日期为准；

（二）以货款两讫之日起，结束本协议关系。

第五条　纠纷解决方式

因执行本协议发生的或与本协议有关的一切争议，甲乙双方应通过友好协商解决，如双方协商仍不能达成一致意见时，则提交仲裁机构。

第六条　双方单位所提供的退货协议和附送资料内容真实、完整、准确，并对此承担相应法律责任。

甲方签字：　　　　　　　　　　乙方签字：

法定代表人：　　　　　　　　　法定代表人：

（公章）　　年　月　日　　　　（公章）　　年　月　日

---

3. 返品堆放注意事项

①良品退货需按归属区域分别堆放，不良品退货需按供应商分别堆放。

②整理好的退货需摆放整齐，标示向外，便于查看和区分。

知识链接

支持和不支持“七天退货”服务的商品有哪些？

《中华人民共和国消费者权益保护法》（以下简称《新消法》）于2014年3月15日正式生效，《新消法》要求除特殊商品外支持消费者七天退货。

服务根据商品品类和属性分为三类：

1. 默认不支持“七天退货”；

2. 可选支持“七天退货”(卖家可根据自身情况选择取消);

3. 必须支持“七天退货”。

如表 5-9 所示。

表 5-9　支持和不支持“七天退货”服务的分类、类型及商品举例

分　类	类　型	商品举例
默认不支持“七天退货”	一、消费者定作的，定制类商品	个性定制、设计服务（要求属性为：定制）
	二、鲜活易腐类商品	鲜花绿植、水产肉类、新鲜蔬果、宠物
	三、在线下载或者消费者拆封的音像制品、计算机软件等数字化商品;	网游、话费、数字阅读、网络服务
	四、交付的报纸、期刊、图书	订阅的报纸、期刊、图书
	五、服务性质的商品	本地生活、服务市场等，如家政服务、翻译服务等
	六、个人闲置类商品	个人闲置，一级类目为：自用闲置转让
可选支持“七天退货”（即默认支持“七天退货”，卖家可根据商品性质选择不支持“七天退货”）	一、非生活消费品，如商业用途类商品	房产、新车、网络服务器、商用物品等
	二、代购服务商品	采购地为：海外及港澳台，且库存类型为：海外代购（无现货，需采购）
	三、二手类商品	二手商品，宝贝类型为：二手
	四、成人用品，除有包装的保险套外	成人用品
	五、贴身衣物	内裤、内衣、泳衣、袜子、打底裤等
	六、古董孤品类	古董、邮币、字画、收藏类等
	七、食品保健品类	食品（含婴幼儿食品、零食、冲饮、酒类、粮油米面、干货、调味品）、保健品（含中药、膳食营养补充剂）、宠物医疗用品等
	八、贵重珠宝饰品类	珠宝、钻石、翡翠、黄金等
	九、家具、家电类商品	家具、大家电（电视、空调、冰箱等）等
必须支持“七天退货”	除以上十五类商品外的所有品类，均须支持“七天退货”服务	服装服饰、数码产品及配件、家纺居家日用、化妆品、婴童用品（除食品）等

实践训练

退货作业

1. 实训情景

某公司收到 4 张退货单，如表 5-10、表 5-11、表 5-12、表 5-13 所示，按退货作业的流程处理退货单。

表 5-10　退货单一

退货单号：NO2010010211　　订单号：NO20100902030　　日期：2010 年 9 月 5 日 7 时 8 分

序号	货品名称	规格	单位	数量	单价	总金额	退货原因
5	苹果味芬达	24 瓶×1 箱	箱	5	70	350	多发货 1 箱
7	238g 雕牌洗衣皂	36 块×1 箱	箱	4	100	400	1 箱单品破碎
合计总金额（人民币大写）				——	——	柒佰伍拾元	

表 5-11　退货单二

退货单号：NO2010010212　　订单号：NO20100902031　　日期：2010 年 9 月 5 日 8 时 8 分

序号	货品名称	规格	单位	数量	单价	总金额	退货原因
1	苹果味芬达	24 瓶×1 箱	箱	4	70	280	1 箱超保质期 2/3
4	五月花卷纸	1161	箱	8	80	640	2 箱包装有水渍
合计总金额（人民币大写）				——	——	玖佰贰拾元	

表 5-12　退货单三

退货单号：NO2010010213　　订单号：NO20100902032　　日期：2010 年 9 月 5 日 10 时 8 分

序号	货品名称	规格	单位	数量	单价	总金额	退货原因
4	五月花卷纸	1161	箱	8	80	640	1 箱包装有水渍
合计总金额（人民币大写）				——	——	陆佰肆拾元	

表 5-13　退货单四

退货单号：NO2010010214　　订单号：NO20100902033　　日期：2010 年 9 月 5 日 11 时 8 分

序号	货品名称	规格	单位	数量	单价	总金额	退货原因
4	238g 雕牌洗衣皂	36 块×1 箱	箱	4	120	480	1 箱包装破碎
合计总金额（人民币大写）				——	——	肆佰捌拾元	

2. 实训目标

掌握退货作业的操作。

3. 实训准备

（1）在 100 方平米的实训室进行，每 6 人一组，每组选一个组长，每 1 人或 2 人担当一个角色。

（2）实训室具备电脑、打印设备及纸张；条码扫描仪等复核设备；手推车 2 台，木托盘 6 个；胶带若干。

4. 工作步骤

（1）接受退货。将销货退回信息通知质量管理及市场部门，确认退货的原因；告知客户有关销货退回受理的相关资料，并主动协助客户将货品退回销售部门。

（2）重新入库。初步审核客户退回的货品。

（3）重验货物品质。通知质量管理部门按照新品入库验收标准对退回的商品进行新一轮的检查，以确认退货品的品质状况；通知储存部门安排拣货人员进行重新挑选，或降级使用或报废处理。

（4）退款估算。

（5）质量管理部追踪处理。

5. 实训评价

学生根据退货作业实训，记录实训中出现的问题和未能完成实训的影响因素，归纳出退货作业需要注意的事项，形成书面的实训报告。

教师对各组训练完成情况进行点评。如表 5-14 所示。

表 5-14　补货作业实训

考评人		被考评人	
考评地点			
考评内容	补货作业实训		
考评标准	具体内容	分值	实际得分
	在规定时间内完成操作	10	
	实训报告	10	
	团队合作表现	25	
	实训中的表现	55	
合　计		100	

注：考评满分为 100 分，60～74 分为及格，75～84 分为良好，85 分及以上为优秀。

一、选择题

1. 批组补货适用于（　　）。

A. 一日内作业量变化不大的情况　　B. 分批拣货时间固定的情况

C. 紧急插单较多的情况　　D. 每批次拣取量较小的情况

2. 补货作业是将货物从（　　）搬运到（　　）的工作（　　）。

A. 月台　仓库　　B. 仓库　配送中心

C. 仓库保管区域　拣货区　　　　　　D. 暂存区　拣货区

3. 选择补货时机通常采用的方式是（　　）

A. 批次补货　　B. 定时补货　　C. 随机补货　　D. 定量补货

4. 适合体积小且少量多样出货的货品的补货方式是（　　）。

A. 由货架保管区补货至流动货架的拣选区

B. 由地板堆叠保管区补货至地板堆叠拣选区

C. 由地板堆叠保管区补货至货架拣选区

D. 货架上层向货架下层的补货

5. 供应商直接将商品放在车上，依次给各订货方送货，缺多少补多少的方式是（　　）。

A. 厂商补货　　　　　　B. 厂商巡货，隔日送货

C. 口头订货　　　　　　D. 邮寄订单

二、简答题

1. 简述补货的常用方式及适宜的货品。

2. 整箱补货、托盘补货和货架上下层补货方式各自的特点是什么？

3. 退货的概念是什么？

课外拓展

课外阅读指南：客户管理相关书籍，配送管理相关书籍，办公自动化相关书籍。

学习素材准备：沈文天主编，《配送作业管理》，高等教育出版社，2012 年 4 月出版；

钱廷仙主编，《现代物流管理》，高等教育出版社，2009 年 3 月出版；

朱华主编，《配送中心管理与运作》，高等教育出版社，2009 年 3 月出版。

网络学习指南：http：//www.chinawuliu.com.cn/zixun/class _ 10.shtml/中国物流与采购网/资讯中心/仓储配送；

http：//www. chinawuliu. com. cn/xsyj/class _ 67. shtml /中国物流与采购网/学术研究/论文荟萃/配送与连锁；

http：//bbs. chinawutong. com/中国物流论坛；

http：//www. peisong. biz/ 中国配送网；

http：//www. totallogistics. com. cn/天津全程物流配送有限公司。

总结提高

补货及退货作业管理提高表如表 5-15 所示。

表 5-15　补货及退货作业管理提高表

项目五　补货及退货作业管理		
问　题	总　结	提高（建议）
你学习本模块最大的收获是什么？		
你认为本模块最有价值的内容是什么？		
哪些内容（问题）你需要进一步了解或得到帮助？		
为使你的学习更有效，你对本模块的教学有何建议？		
学生签字： 年　　月　　日		

项目六　配载与送货管理

学习目标

【知识目标】

了解配载的原则；掌握送货作业的流程，熟悉影响送货作业质量的因素；掌握车辆调度的方法和流程；掌握配送线路规划的方法。

【技能目标】

能够根据订单制作送货单，完成送货作业流程；能够采用合理的方法，合理地规划配送线路。

【职业能力目标】

培养良好的职业道德，树立服务质量高于效率的理念；树立敏感的成本意识，节省企业的每一分钱。

工作情景

这天，快到11点的时候，扬波才匆匆赶到办公室，这是他当上嘉农网络超市总经理以来第一次迟到。前一天听了财务部的汇报，嘉农上个月的月亏损已经减少了2/3，财务总监亦芸在送财务报表给扬波看时，以轻松的语气乐地观预测："扬波，照此下去，如果不出意外的话，这个月就可以实现嘉农的第一次盈利了。"这个结果实在是来之不易呀。自从知道公司只有3个月扭亏为盈的时限后，扬波领着公司的一帮元老，先是处理了占用大量现金流的存货，又费大力气改进了仓库拣货效率，每一天都顶着巨大的压力，现在终于看到成绩了。扬波终于轻轻地松了一口气，回家倒头大睡，没想到一觉醒来就已经10点多了，让他暗叫惭愧。办公桌上已经堆了一叠来自各部门的报告。扬波随手拿起几份翻了翻，一份用红笔画了圈的报告引起了他的注意，这是送货部经理张严申请购买或租赁货车的建议书，而上面的红色批注则是财务总监亦芸的反对意见。张严已经不只一次地向扬波发过牢骚：随着销售量的不断增加，送货车辆的调配已经是捉襟见肘。但鉴于公司紧张的现金状况，亦芸坚决反对购买新货车这样的额外支出，尽管现有的运输车队似乎不足以应付日益增长的订单。这已是个老生常谈的问题了，亦芸和张严已不止一次地把总经理办公室当成战场，为这个问题争得面红耳赤。而扬波前一段一直盯着仓库的改革，又在外面拓展销售，与供应商谈判，没有抽出空来解决这个问题，现在，是了结这件事的时候了。

任务描述

为了完成该项目，应在明确配载及送货概念的前提下，再进行送货作业计划及配送路线优化。

下面将分别对这些任务进行确认，并对任务的实施给予理论与实际操作的指导。

任务一　配载与送货认知

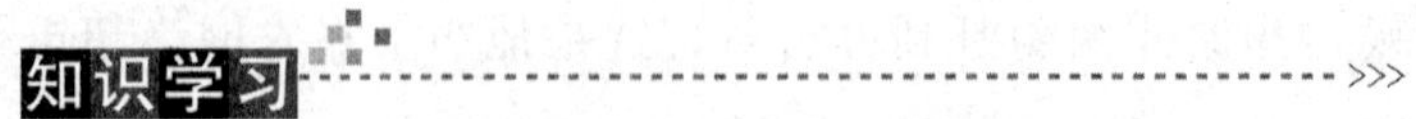

一、配载及送货业务

配载又称配装，是指为具体的运班选配货载，即承运人根据货物托运人提出的托运计划，对所属运输工具的具体运班确定应装运的货物品种、数量及体积。配载的结果是编制运班装货清单。装货清单通常包括卸货港站、装货单号、货名、件数、包装、重量、体积及积载因子等，同时还要注明特殊货物的装载要求。送货作业是指利用配送车辆把用户订购的物品从制造厂、生产基地、批发商、经销商或配送中心送到用户手中的过程。配载员物流运作环节中的一个最关键、最重要的环节，控制好了，不仅能够提高运输工具的利用率，降低成本，而且能够创造利润，是物流生产活动中的一个利润源。

送货是物流配送中心将配备的货物准确地送达客户的活动。送货是配送业务中满足客户需求的重要环节，送货管理是物流配送中心业务管理的另一个重要因素。送货管理主要包括以下几方面的内容，如图 6-1 所示。

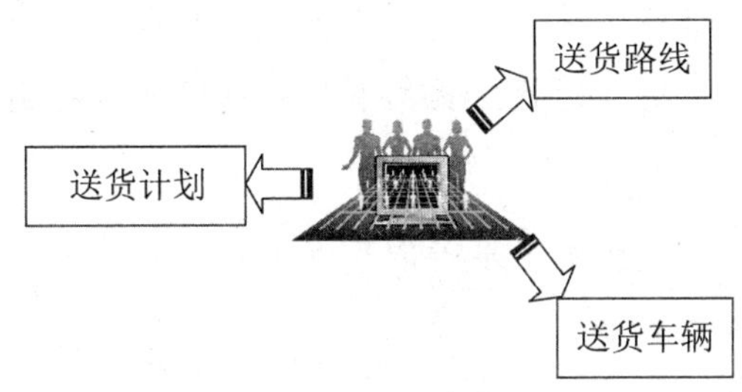

图 6-1　送货管理的主要内容

1. 送货计划

物流配送中心需要通过提高计划性来提高送货水平和降低送货成本。由于物流配送中心特别强调服务功能和服务质量，因此，根据客户需求制订科学周密的送货计划十分重要，以减少送货的盲目性，避免送货出现手忙脚乱的混乱局面。

2. 送货路线

合理地选择配送路线，以降低运送货成本十分重要。不同的送货路线对送货成本影响很大，应选择最短距离、最优送货路线为标准，以减少送货费用。

3. 送货车辆

根据不同送货要求，选择合适的车型和车辆并对车辆进行配装以提高其利用率和周转率，是送货的一项重要工作。不同的车辆对送货成本的影响也很大，车辆的配装更大有潜力，我国物流车辆空载率极大，浪费惊人，合理的车辆选择对提高物流效率和效益非常重要。

提示板

物流货物的分类及配装

物流行业一般按货物的密度将货物分为轻泡货、重货、重泡货等。密度大于1吨/3立方米的称为轻泡货，密度小于1吨/2立方米的为重货，密度在1吨/3.5立方米～1吨/2.5立方米的一般称之为重泡货。无论哪种运输工具，其载货量是一定的，不是无限的，其载重量、可用体积都是有限值的。因此，对一个有限的运输工具，如何装载，使其能够最大限度地达到其限定的载重量的同时又能充分利用其体积容量是物流活动中既能提高运输工具的利用率同时又能提高经济效益的一个关键的重要的环节。

①在货物种类不多、车辆类型单一的情况下，可直接采用手算方式，达到货物与车辆的匹配，实现满载满容。

②在配装货物种类较多、车辆类型也较多的情况下，可采用计算机实现优化配装的目的。如果不具备适用计算机的条件时，可以从多种配送货物中拣出容量最大、最小的两种，利用手算配装，其他货物再选容量最大及最小配装。以此类推，得出配装结果。

二、配载的原则

一般来说，轻重搭配是配载的最简单的原则。也就是说用重货铺底，以充分利用运输工具的载重量；轻泡货搭配，以充分利用其可用空间（体积）。最后的结果是，轻重货的总重量加起来能无限接近于限定载重量的最大值，轻重货的总体积加起来能无限接近于限定体积数的最大值。但轻重货的搭配并不是随意的，而是要达到上面所说的目的，无论是重量还是体积，都要无限接近最大化，同时还要产生最佳的经济效益，这就需要有一个科学的依据、有一个科学的比例才能保证上述目的的达成。长期以来，物流公司的员工都是凭经验来给运输工具进行配载的，也能获取一定的效益。在集货时一般都是以重量或体积来计量货物的，这样就可以知道所集货物密度的近似值，从而推出轻重货的配载比例。配载时应注意以下几点原则。

①根据运输工具的内径尺寸，计算出其最大容积量（如图 6-2 所示）。

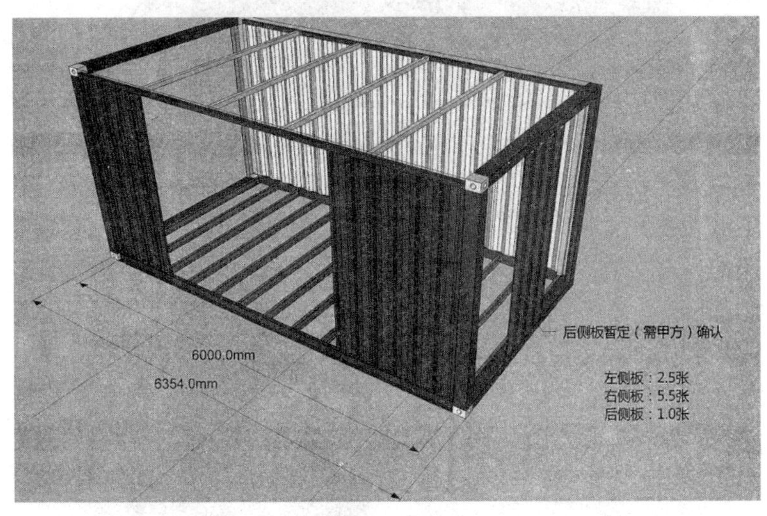

图 6-2　运输工具的容积

②测量所载货物的尺寸和重量，结合运输工具的尺寸，初步算出装载轻重货物的比例，如图 6-3 所示。

图 6-3　装载轻重货物的比例

③装车时注意货物的摆放顺序，堆码时的方向是横摆还是竖放，要最大限度地利用车厢的空间，如图 6-4 所示。

④配载时不仅要考虑最大限度地利用车载量，还要具体情况具体分析，根据货物的价值来进行价值的搭配。

图 6-4　最大限度地利用车厢的空间

⑤以单位运输工具能获取最大利润为配载总原则。

三、送货作业计划与调度

1. 制订送货作业计划

送货作业部门需要预先对送货任务进行评估并实时调度，对运送的货物种类、数量、去向、运货路线、车辆种类及载重、车辆趟次、送货人员作出合理的计划安排。

（1）制订送货作业计划的主要依据

一般而言，客户订单对配送商品的数量、规格、品种、送货时间、送达地点、收货方式等都有要求。因此，客户订单是拟定运送计划的最基本的依据。其次，客户分布、运输路线、距离也是制订配送作业计划的主要依据。最后，配送货物的体积、形状、重量、性能、运输要求、运输装卸的条件也必须要考虑。

（2）送货作业计划的主要内容

按日期排定用户所需商品的品种、规格、数量、送达时间、送达地点、送货车辆与人员等。最终形成的送货作业计划包括两个部分：一份一定时期内综合的送货作业计划表；依据综合送货作业计划制订的每一车次的单车作业计划表，该表交给送货驾驶员执行，执行完毕后交回。

2. 车辆调度

车辆调度是指指挥、监控配送车辆正常运行，协调配送作业过程以实现车辆运行作业计划的重要手段。它是配送运输管理的一项重要职能。车辆调度的包括如下内容。

(1) 编制配送车辆运行作业计划

包括编制配送方案、配送计划、车辆运行计划总表、分日配送计划表、单车运行作业计划等。

(2) 现场调度

根据货物分日配送计划、车辆运行作业计划和车辆动态分派配送任务，即按计划调派车辆，签发行车路单；勘察配载作业现场，做好装卸车准备；督促驾驶员按时出车等。

(3) 随时掌握车辆运行信息，进行有效的监督

如发现问题，应采取积极措施，及时解决和消除，尽量减少配送作业中断时间，使车辆按计划正常运行。

(4) 检查计划执行情况

检查配送计划和车辆运行作业计划的执行情况。

车辆运行计划在组织执行过程中常会遇到一些难以预料的问题，如客户需求发生变化、装卸机械发生故障、车辆在运行途中发生技术障碍、临时性路桥阻塞等。针对以上情况，调度部门要有针对性地加以分析和解决，随时掌握货物状况、车况、路况、气候变化、驾驶员状况、行车安全等，确保运行作业计划顺利进行。车辆和运行调度工作应贯彻以下原则。

提示板

车辆调度员——“活地图”

货运车辆调度员又称“活地图”。需要掌握车辆的使用状况，还应该熟悉各种车辆的性能，对业务范围涉及地区的地理环境、道路交通状况更应该做到了然于胸。

①坚持从全局出发、局部服从全局的原则。

在编制运行作业计划和实施运行作业计划过程中，要从全局出发，保证重点，统筹兼顾，运力安排应贯彻“先重点、后一般”的原则。

②安全第一、质量第一的原则。

在配送运输过程中，要始终把安全工作和质量管理放在首要位置。

③计划性原则。

调度工作要根据客户订单要求认真编制车辆运行作业计划，并以运行计划为依据，监督和检查运行作业计划的执行情况，按计划配送货物，按计划送修送保车辆。

④合理性原则。

要根据货物性能、体积、重量、车辆技术状况、道路桥梁通行条件、气候变化以及驾驶员技术水平等因素合理地调派车辆。在编制运行作业计划时，应科学合理地安排车辆的运行路线，有效地降低运输成本。

实例

车辆调度应注意的事项

①宁打乱少数计划，不打乱多数计划。

②宁打乱局部计划，不打乱整体计划。

③宁打乱次要环节，不打乱主要环节。

④宁打乱当日计划，不打乱以后计划。

⑤宁打乱可缓行物资的运输计划，不打乱急需物资的运输计划。

⑥宁打乱整批货物的运输计划，不打乱配装货物的运输计划。

⑦宁使企业内部工作受影响，不使客户受影响。

配送计划的编制

1. 实训任务

上海家乐配送中心地处嘉定区南翔镇，需要在 2009 年 2 月 16 日为杨浦区的 3 个客户配送商品，配送商品的名称、规格数量及时间要求如表 6-1 所示。3 个客户距家乐配送中心的距离如图 6-5 所示。请为该配送中心制订一份配送作业计划，要求既要满足客户的时间要求，又要使配送成本最低。

表 6-1　配送商品情况一览表

客户名称	需求商品情况					需求时间
	品名	规格	数量	毛重	体积（厘米×厘米×厘米）	
A	龙井茶叶	500 克/袋	50 箱	11 千克/箱	85×60×45	2 月 16 日上午 11 点前
	光明牛奶	250 克/袋	100 箱	8.5 千克/箱	70×50×35	
	东北大米	50 千克/袋	40 袋	50 千克/袋	100×45×20	
	可口可乐	1.25 千克/瓶	65 箱	8.5 千克/箱	60×35×50	
	雪碧	1.25 千克/瓶	65 箱	8.5 千克/箱	60×35×50	
B	雕牌洗衣粉	1 千克/袋	50 箱	11 千克/箱	75×55×40	2 月 16 日上午 10 点前
	力士香皂	125 克/块	40 箱	4.25 千克/箱	60×30×25	
	天元饼干	1 千克/盒	100 箱	6.5 千克/袋	90×80×70	
	可口可乐	1.25 千克/瓶	80 箱	8.5 千克/箱	60×35×50	
C	喜多毛巾	70 厘米×40 厘米	20 箱	10.5 千克/箱	75×45×50	2 月 16 日上午 12 点前
	可口可乐	1.25 千克/瓶	100 箱	8.5 千克/箱	60×35×50	
	光明牛奶	250 克/袋	100 箱	8.5 千克/箱	70×50×35	
	雪碧	1.25 千克/瓶	100 箱	8.5 千克/箱	60×35×50	
	东北大米	50 千克/袋	20 袋	50 千克/袋	100×45×20	

2. 实训目标

通过本项目的实训，掌握配送的基本流程，了解配送过程中的各种要求。

3. 实训准备

（1）模拟实训室一间，能容纳 50 个人，多媒体投影仪 1 台，屏幕 1 个，白板 1 个。

（2）对学生进行分组，每组订单制作人员 1 人、订单审核人员 1 人、主管 1 人。

（3）学生在实训老师的指导下，选择任务情景，按照步骤完成实训，教师可根

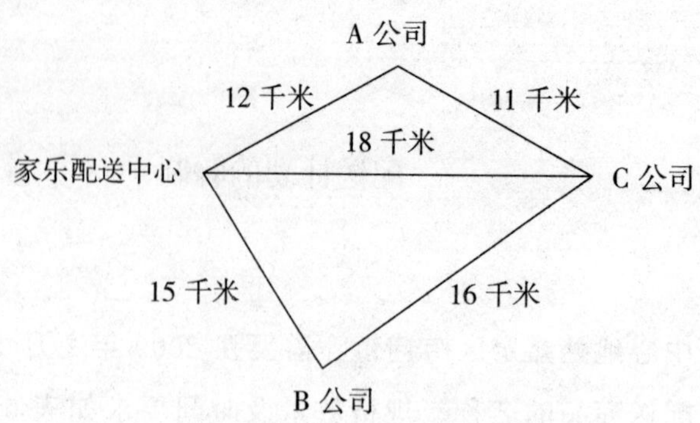

图 6-5　家乐配送中心与 3 家公司的位置图

据需要给出相应的数据和人员信息。

4. 工作步骤

（1）确定配送计划的主要内容。一份完整的、具有可操作性的配送计划由以下几方面的内容构成：客户订单方面、配送作业方面、配送预算方面。配送计划确定之后，还应将货物送达时间、品种、规格、数量通知客户，使客户按计划准备接货工作。

（2）确定制订配送计划的依据。制订配送计划的依据主要如下：客户订单；客户分布、送货路线、送货距离；物品特性；运输、装卸条件；根据分日、分时的运力配置情况，决定是否要临时增减配送业务；调查各配送点的物品品种、规格、数量是否适应配送业务的要求。

（3）配送计划决策的步骤：基本配送区域划分；车辆配载；暂定配送先后顺序；车辆安排；决定每辆车负责的客户；路线选择；确定最终送货顺序；车辆装载方式。

（4）根据上述步骤，结合客户订单情况，制订本次配送任务的配送计划，形成配送计划书。

5. 实训评价

学生根据配送计划编制实训，记录实训中出现的问题和未能完成实训的影响因素，归纳出配送计划编制需要注意的事项，形成书面的配送计划书。

教师对各组训练完成情况进行点评。如表 6-2 所示。

表 6-2 配送计划的编制

考评人		被考评人	
考评地点			
考评内容	配送计划的编制		
考评标准	具体内容	分值	实际得分
	在规定时间内完成操作	10	
	表格设计的正确性	10	
	任务完成情况	25	
	配送计划书	55	
合　计		100	

注：考评满分为 100 分，60～74 分为及格，75～84 分为良好，85 分及以上为优秀。

任务二　配送路线优化设计

知识学习

一、配送路线确定的原则

配送路线是否合理，直接影响到配送效率和配送效益。合理地确定配送路线所涉及的因素较多且一般较为复杂，如包括用户的要求、配送资源状况、道路拥挤情况等。因此，在配送路线选择的各种方法中，既要考虑配送要求要达到的目标，又要满足实现配送目标的各种限制条件，即在一定约束条件下，选择最佳方案。这就需要认真制订配送计划，实现科学组织、合理调配资源，达到既满足用户要求又实现总费用最省、效益最好的目的。

1. 确定配送路线目标

路线目标是根据配送的具体要求、配送中心的实力及客观条件来确定的。由于目标有多个，因此可以有多种选择方法。

①以效益最高为目标，就是指计算时以利润的数值最大为目标值。

②以成本最低为目标，实际上也是选择了以效益为目标。

③以路线最短为目标。

④以吨-公里最小为目标。

⑤以准确性最高为目标，它是配送中心重要的服务指标。

其他还有以运力利用最合理、劳动消耗最低等为目标。

2. 确定配送路线约束条件

无论选择哪个目标或实现哪个目标，都必须有一定的约束条件，只有在满足这些约束条件下才能实现这些目标。一般地，配送的约束条件包括以下五条：

①满足所有收货人对货物品种、规格、数量的要求；

②满足收货人对货物发到时间范围的要求；

③在允许通行的时间内进行配送；

④各配送路线的货物量不超过车辆容积和载重量的限制；

⑤在配送中心现有运力允许的范围内。

二、表上作业法

1. 数学模型

在物流调运问题中，如何根据已有的交通网制订调运方案，将货物运到各需求地，而使总运费最小，是很关键的问题。这类问题可用如下数学语言描述。

已知有 m 个生产地点 A_i (i=1，2，…，m) 可供应某种物质，其供应量分别为 a_i (i=1，2，3，…，m)；有 n 个销地（需要地）B_j (j=1，2，…，n)，其需求量分别为 b_j (j=1，2，…，n)，从 A_i 到 B_j 运输单位物资的运价为 C_{ij}。这些数据可汇总于产销平衡表和单位运价表中，如表 6-3、表 6-4 所示。

表 6-3 产销平衡表

销地 产地	1，2，……，n	产量
1		a_1
2		a_2
…		…
m		a_m
销量	b_1，b_2，…，b_n	

表 6-4　单位运价表

销地 产地	1	2	…	n	
1	C_{11}	C_{12}	…	C_{1n}	
2	C_{21}	C_{22}	…	C_{2n}	
⋮	⋮	⋮		⋮	
m	C_{m1}	C_{m2}	…	C_{mn}	

为了制订使总运费最小的调运方案，可以建立数学模型。

如果设 X_{ij} 表示由产地 A_i 供应给销地 B_j 的运量，则运输问题的线性规划模型可分为三种情况。

①产销平衡，即在 $\sum_{m} a_i = \sum_{n} b_i$ 的情况下，求 $\min z = \sum_{n}\sum_{m} C_{ij}X_{ij}$（总费用最少）。满足如下约束条件：

$$\begin{cases} \sum_{i=1}^{m} X_{ij} = b_j (j = 1,2,\cdots,n)(\text{满足各销地的需要量}) \\ \sum_{j=1}^{n} X_{ij} = a_j (i = 1,2,\cdots,m)(\text{各产地的发出量等于各地产量}) \\ X_{ij} \geqslant 0 (i = 1,2,\cdots,m;\ j = 1,2,\cdots,n)(\text{调出量不能为负数}) \end{cases}$$

②产大于销，即在 $\sum_{i=1}^{m} a_i > \sum_{j=1}^{n} b_j$ 的情况下，求 $\min z = \sum_{j=1}^{n}\sum_{i=1}^{m} C_{ij}X_{ij}$（总费用最少）。满足如下约束条件：

$$\begin{cases} \sum_{i=1}^{m} X_{ij} = b_j (j = 1,2,\cdots,n) \\ \sum_{j=1}^{n} X_{ij} \leqslant a_i (i = 1,2,\cdots,m) \\ X_{ij} \geqslant 0 (i = 1,2,\cdots,m;\ j = 1,2,\cdots,n) \end{cases}$$

③销大于产，即在 $\sum_{i=1}^{m} a_i < \sum_{j=1}^{n} b_j$ 的情况下，求 $\min z = \sum_{i=1}^{m} C_{ij}X_{ij}$（总费用最少）。满足如下约束条件：

$$\begin{cases} \sum_{i=1}^{m} X_{ij} \leqslant b_j (j = 1,2,\cdots,n) \\ \sum_{j=1}^{n} X_{ij} = a_i (i = 1,2,\cdots,m) \\ X_{ij} \geqslant 0 (i = 1,2,\cdots,m;\ j = 1,2,\cdots,n) \end{cases}$$

物资调运问题可采用图上作业法或表上作业法求其最佳的调运方案。

2. 物资调运问题的表上作业法

物资调运的表上作业法，是指在物资调运平衡表上确定物资调运最优方案的一种调运方法。利用表上作业法，寻求运费最少的运输方案，其步骤可归纳如下：

①列出运输物资平衡表及运价表；

②在表上做出初始方案；

③检查初始方案是否为最优方案；

④调整初始方案得到最优解。

一般来说，每调整一次便得到一个新的方案，而这个新方案的运费比前一个方案要少一些，如此经过几次调整，最后可以得到最优方案。下面举例说明。

某公司有三个储存某种物资的仓库，供应四个工地的需要。三个仓库的供应量和四个工地的需求量以及由各仓库到各工地调运单位物资的运价（元/吨）如表6-5所示，试求运输费用最少的合理的运输方案。

表 6-5 供需情况和单位运价

运价/（元/吨） 工地 仓库	B_1	B_2	B_3	B_4	供应量/t
A_1	3	11	3	10	700
A_2	1	9	2	8	400
A_3	7	4	10	5	900
需求量	300	600	500	600	2000

求解步骤如下。

（1）列出调运物资平衡表 6-6 和运价表 6-7。

表 6-6 物资平衡表

需 供	B_1	B_2	B_3	B_4	供应量（t）
A_1					700
A_2					400
A_3					900
需求量/t	300	600	500	600	2000

表 6-7　运价表

运价 工地 / 仓库	B_1	B_2	B_3	B_4
A_1	3	11	3	10
A_2	1	9	2	8 ②
A_3	7	① 4	10	5

平衡表和运价表是表上作业法的基本资料和运算的依据。表上作业法的实质就是利用运价表在平衡表上进行求解。

为了叙述和考虑问题的方便，通常把上面的平衡表看作矩阵，并把表中的方格记为（i，j）的形式。如（2，3）表示第二行第三列的方格，（1，4）表示第一行第四列的方格等。此外，在求解过程中，如果平衡表的（2，1）方格中写上 300，即表示 A_2 仓库调运 300 吨物资到第一个工地。

（2）编制初始调运方案

一般地，最优方案是由初始方案经过反复调整得到的。因此，编制出较好的初始调运方案显得非常重要。确定初始方案通常有两种方法：一是西北角法，二是最小元素法。

① 西北角法。从供需平衡表的西北角第一格开始，按集中供应的原则，依次安排调运量。由于集中供应，所以未填数值的格子的 X_{ij} 均为 0，从而得到一个可行方案。按西北角法，本例的初始运输方案如表 6-8 所示。

表 6-8　初始方案

需 / 供	B_1	B_2	B_3	B_4	供应量/t
A_1	300	400			700
A_2		200	200		400
A_3			300	600	900
需求量/t	300	600	500	600	2000

由 $A_1 \rightarrow B_1$ 余 400，$A_1 \rightarrow B_2$400 缺 200，$A_2 \rightarrow B_2$200 余 200，$A_2 \rightarrow B_3$200 缺 300，$A_3 \rightarrow B_3$300 余 600，$A_3 \rightarrow B_4$600 余 0。此时，运输总成本为

$$S=300\times3+400\times11+200\times9+200\times2+300\times10+600\times5=13500\text{（元）}$$

② 最小元素法。所谓最小元素法，就是按运价表一次挑选运费小的供需点尽量优先安排供应的运输方法。首先针对具有最小运输成本的路径，并且最大限度地

予以满足；然后按“最低运输成本优先集中供应”的原则，依次安排其他路径的运输量。仍以上述实例，具体做法是在表6-7上找出最小的数值（当此数值不止一个时，可任意选择一个，方格（2，1）的数值是1，最小。这样，参考A_2尽可能满足B_1工地的需求，于是在平衡表中有（2，1）＝300，即在空格（2，1）中填入数字300，此时由于工地B_1已全部得到满足，不再需求A_1和A_3仓库的供应，运价表中的第一列数字已不起作用，因此将原运价表6-7的第一列划去，并标注①（如表6-7所示）。

然后，在运价表未划去的行、列中，再选取一个最小的数值，即（2，3）＝2，让A_2仓库尽量满足B_3工地的需求。由于A_2仓储量400吨已供给B_1工地300吨，所以最多只能供应B_3工地100吨。于是在平衡表（2，3）的左格填入100。相应地，由于仓库A_2所储物资已全部供应完毕，因此，在运价表中与A_2同行的运价也已不再起作用，所以也将它们划去，并标注②，仿照上面的方法，一直做下去，得到表6-9。

表6-9 供需量的分配

需 供	B_1	B_2	B_3	B_4	供应量/t
A_1			400		700
A_2	300		100		400
A_3		600		300	900
需求量/t	300	600	500	600	2000

此时，在运价表中只有方格（1，4）处的运价表没有划掉，而B_4尚有300吨的需求，为了满足供需平衡，所以最后在平衡表上应有（1，4）＝300，这样就得到如表6-10所示的初始调运方案。

表6-10 初始调运方案

需 供	B_1	B_2	B_3	B_4	供应量/t
A_1			400 [3]	[10]	700
A_2	300 [1]		100 [2]		400
A_3		600 [4]		300 [5]	900
需求量/t	300	600	500	600	2000

表 6-1 中，填有数字的方格右上角是其相应的运价（元/吨）。根据得到的初始调运方案，可以计算其运输费用：

$$S = 1 \times 300 + 4 \times 600 + 3 \times 400 + 2 \times 100 + 10 \times 300 + 5 \times 300 = 8600\text{(元)}$$

对于应用最小元素法编制初始方案，说明以下几点。

① 应用最小元素法编制初始调运方案，这里的“最小”是指局部而言的，而整体考虑的运费不见得一定是最小的。

② 特别需要指出的是，并不是任意一个调运方案都可以作为表上作业法的初始方案。可以作为初始方案的调运方案，其填有数字的方格将恰好是（行数 m＋列数 n－1）个，在本例中为（3＋4－1＝6）个，因此，可以作为初始调运方案提出。但是，在制订初始方案时会遇到按最小元素所确定的方格中，其相应的供应点再无物资可供应或需求点已全部得到满足的情况，此时平衡表上填有数字的方格数小于（$m+n-1$）个。规定：在未填有数字的方格中必须填上一个，并将它和其他发生供需关系的格子同样看待，而不能作为空格，其目的是保证使填有数字的方格数等于（$m+n-1$）的要求。

下面用一个例子来说明上述情况的处理。

表 6-11 和表 6-12 给出了一个物资调运问题，运用最小元素法经过三次运算后，得到表 6-13 和表 6-14。初始调用方案如表 6-15 所示。

表 6-11　供需平衡表

产地 / 销地	B_1	B_2	B_3	供应量/t
A_1				10
A_2				20
A_3				40
需求量/t	10	20	40	70

表 6-12　运价表

运价 / 销地 / 产地	B_1	B_2	B_3
A_1	1	2	2
A_2	3	1	3
A_3	2	3	1

表 6-13　运价表

运价　销地 产地	B_1	B_2	B_3
A_1	1	2	2
A_2	3	1	3
A_3	2	3	1

表 6-14　供需平衡表

产地 销地	B_1	B_2	B_3	供应量/t
A_1	10			10
A_2		20		20
A_3			40	40
需求量/t	10	20	40	70

表 6-15　初始调用方案

产地 销地	B_1	B_2	B_3	供应量/t
A_1	10		0	10
A_2		20	0	20
A_3			40	40
需求量/t	10	20	40	70

可以看出，表 6-15 虽然构成了一个调运方案。但在运价表中，(1，3) 及 (2，3) 方格尚未被划去，所以在平衡表 6-14 中，方格 (1，3) 及 (2，3) 处再各填上一个“0”，随后得到表 6-15。表 6-15 填有数字（包括 0）的方格数恰好是 3＋3－1＝5，如此才可以构成调运问题的初始方案。

(3) 初始方案的检验

在制订了初始调运方案之后，需要对它进行检验，如果制订的初始调运方案不是最优方案，需要对其进行调整直到获得最优调运方案。运输问题表上作业法判断调运方案是否为最优解，有两种方法：一种叫作闭回路法，另一种是位势法。

① 闭回路法。对于表上作业法的初始方案来说，从调运方案表上的一个空格

出发，存在一条且仅一条以某空格（用 X_{ij} 表示）为起点，以其他填有数字的点为其他顶点的闭合回路，简称闭回路。这个闭回路具有以下性质：第一，每个顶点都是转角点；第二，闭合回路是一条封闭的折线，每一条边都是水平或垂直的；第三，每一行（列）若有闭合回路的顶点，则必有两个。只有从空格出发，其余各转角点所对应的方格内均填有数字时，所构成的闭合回路才是前面所说的闭回路。另外，过任一空格的闭回路不仅是存在的，而且是唯一的。

下面以表 6-8 给定的初始调运方案为例，说明闭回路的性质。表 6-16 给出了空格（1，1）和（3，1）所形成的闭回路：

（1，1）—（1，3）—（2，3）—（2，1）—（1，1）

（3，1）—（2，1）—（2，3）—（1，3）—（1，4）—（3，4）—（3，1）

表 6-16　初始调运方案

供＼需	B_1	B_2	B_3	B_4	供应量/t
A_1			400	300	700
A_2	300		100		400
A_3		600		300	900
需求量/t	300	600	500	600	2000

其他空格的闭回路与此同理。

在调运方案内的每个空格所形成的闭回路上，作单位物资的运量调整，总可以计算出相应的运费是增加还是减少。把所计算出来的每条闭回路上调整单位运量而使运输费用发生变化的增减值，称其为检验数。检验数的求法，就是在闭回路上，从空格出发，沿闭回路将各顶点的运输成本依次设置为“＋”“－”，交替正负符号，然后求其代数和。这个代数和数字称为检验数，用 λ_{ij} 表示。例如，表 6-16 中的检验数 $\lambda_{11}=3-11+9-1=0$。用同样的方法可以求其他空格的检验数，见表 6-17。如果检验数小于 0，表示在该空格的闭合回路上调整运量使运费减少；相反，如果检验数大于 0，则会使运费增加。因此，调运方案是否是最优方案的判定标准就是：对于初始调运方案，如果它所有的检验数都是非负的，那么这个初始调运方案一定最优；否则，这一调运方案不一定是最优的。

表 6-17　检验数的计算

需 / 供	B_1		B_2		B_3		B_4		供应量/t
A_1	0	3	+2	11	400	3	300	10	700
A_2	300	1	+1	9	100	2	−1	8	400
A_3	+10	7	600	4	+5	10	300	5	900
需求量/t	300		600		500		600		2000

② 位势法。用该调运问题的相对运价减去表 6-17 中的数值，那么对初始方案中每个填有运量数值的方格来说，都会满足如下条件：

$$C_{ij}=U_i+V_j \tag{7-1}$$

而对每个空格来说，相应得到的数值就是该空格的检验数，即

$$\lambda_{ij}=C_{ij}-U_i-V_j \tag{7-2}$$

式（7-2）就是用位势法来求检验数的公式。本例中，设 C_{ij}（$i=1$，2，3；$j=1$，2，3，4）表示变量 x_{ij} 相应的运价，将初始调运方案中填有数字方格的 C_{ij} 分解成两部分，其中 u_i 和 V_j 分别称为该方格对应 i 行和 j 列的位势量，因为 i 有 $m=3$ 行，j 有 $n=4$ 列，故位势的个数有 $m+n=3+4=7$ 个。但填有运量数的单元只有 $m+n-1=6$ 个，这样，$m+n-1=6$ 个 C_{ij} 的方程，要解出 $m+n=7$ 个未知的位势量，u_i 和 V_j 可以有很多解。所以，可以先任意给定一个未知数的位势量，如表 6-18 所示。

表 6-18　位势计算表

需点 / 供点	Ⅰ	Ⅱ	Ⅲ	Ⅳ	U_i
A			3	10	U_1=2
B	1		2		U_2=1
C		4		5	U_3=−3
V_j	V_1=0	V_2=7	V_3=1	V_4=8	

$V_1=0$，则由 $C_{21}=V_2+V_1=1$，可以得到 $U_2=1$，再由 $C_{23}=2$，又得到 $V_3=1$；由 $C_{13}=3$，可得 $U_1=2$，依次可以得到 $V_4=8$，$U_3=-3$，$V_2=7$ 等。

由上面所求出的行位势量 u_j 与列位势量 V_j 对应相加，得到准检验数，如表 6-19所示。表 6-19 中，带有［　］者为初始调运方案表里的空格。按照位势法计算本例初始调运方案的检验数，计算结果如表 6-20 所示。在本例中，由于检验数出

现负值，依照最优方案判定准则，可知初始调运方案不一定是最优的，需要进行调整。

表 6-19　准检验数

需点 / 供点	Ⅰ	Ⅱ	Ⅲ	Ⅳ	U_i
A	[2]	[9]	3	10	U_1=2
B	1	[8]	2	[9]	U_2=1
C	[-3]	4	[-2]	5	U_3=-3
V_j	V_1=0	V_2=7	V_3=1	V_4=8	

表 6-20　检验数表

需点 / 供点	Ⅰ	Ⅱ	Ⅲ	Ⅳ
A	1	2		
B		1		-1
C	10		12	

（4）调运方案的调整

当判定一个初始调运方案不是最优调运方案时，就要在出现负值的空格内进行调整。如果检验数是负值的空格不止一个时，一般选择负检验数绝对值大的空格作为具体调整对象。具体调整的方法仍用前例加以说明。

从初始调运方案的检验数表 6-20 中发现，空格 X_{24} 的检验数是负数，因此对其进行调整，具体过程如表 6-21 所示。

表 6-21　调运方案调整表

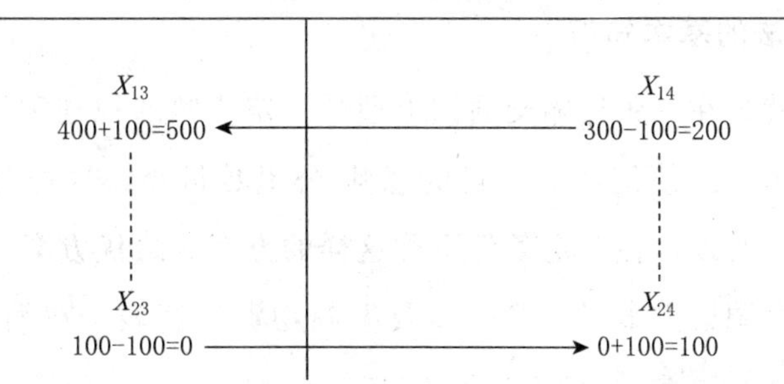

从空格 X_{24} 开始，沿闭回路在各奇数次转角点中挑选运量的最小数值作为调整量。本例是将 X_{23} 方格的 100 作为调整量，将这个数值填入空格 X_{24} 内，同时调整该闭合回路中其他转角点上的运量，使各行、列保持原来的供需平衡，这样便得到

一个新的调整方案，如表 6-22 所示。

按新方案计算调运物资的运输费用为

$$S = 3 \times 500 + 10 \times 200 + 8 \times 100 + 1 \times 300 + 4 \times 600 + 5 \times 300 = 8500\text{（元）}$$

表 6-22　调整后的方案

供＼需	B_1	B_2	B_3	B_4	供应量/t
A_1	[3]	[1]	500 [3]	200 [10]	700
A_2	300 [1]	[9]	[2]	100 [8]	400
A_3	[7]	600 [4]	[10]	300 [5]	900
需求量/t	300	600	500	600	2000

新方案是否是最优方案，还要对它再进行检验。经计算，该新方案的所有检验数都是非负的，说明这个方案已是最优调运方案了。

综上所述，采用表上作业法求解平衡运输问题的物资调运最优方案的步骤如图 6-6 所示。

三、图上作业法

图上作业法是我国物资调运部门从实际工作中创造出来的一种方法，它的原理可以用来解决许多类似的问题，例如可以应用它调度车辆，组织循环运输，尽量减少车辆的空驶，提高车辆的里程利用率；其他如基建工程中的土方运输、机床负荷安排问题等，都可以应用图上作业法帮助解决。下面介绍运用图上作业法，以解决运输问题。

1. 图上作业法的基本知识

图上作业法就是在一张运输交通图上通过一定步骤的规划和计算来完成物资调运计划的编制工作，以便使物资运行的总吨-公里数最小，这样可以降低物资运费和缩短运输时间，所以，在一定条件下称这样的方案为最优方案。

制订一个物资调运方案时，第一步要编制物资平衡表。在编制物资平衡表时，需要做三件事：

①找出需要调出物资的地点（即发点）及发量；

②找出需要调进物资的地点（即收点）及收量；

③求：总发量＝总收量。

合回路偶数顶点

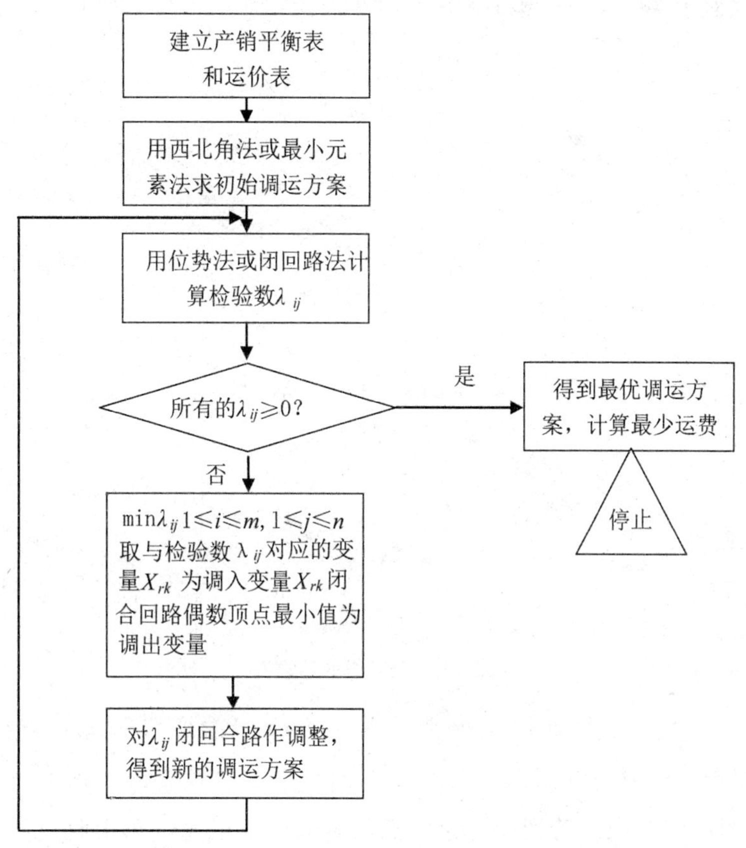

图 6-6　物资调运问题表上作业法计算程序

第二步，根据物资平衡表和收点、发点间的相互位置绘制交通图。所谓交通图，就是表明收点和发点间的相互位置以及联结这些点之间的交通线路的简要地图。

在交通图上，为了表达方便，交通网络可使用下列符号来表示：

“○”表示货物装车点，即空车接受点；

“×”表示货物卸车点，即空车发出点；

“⊗”表示货物装卸点，即空车收发点。

第三步是作物资调运流向图。交通图绘制好后，即可在其上面进行物资调运，找出初始调运方案。

用箭头“→”表示物资调运的方向即流向，并规定：流向“→”必须画在沿着线路前进的右侧。把运送物资的数量记在流向“→”的上面，以区别于两点之间的距离数。另一方面，为了保持图面整洁，流向最好不要通过收点、发点以及交叉路口，如图 6-7 中，(a)，(b) 是正确的；图 6-8 中，A，F 是正确的。

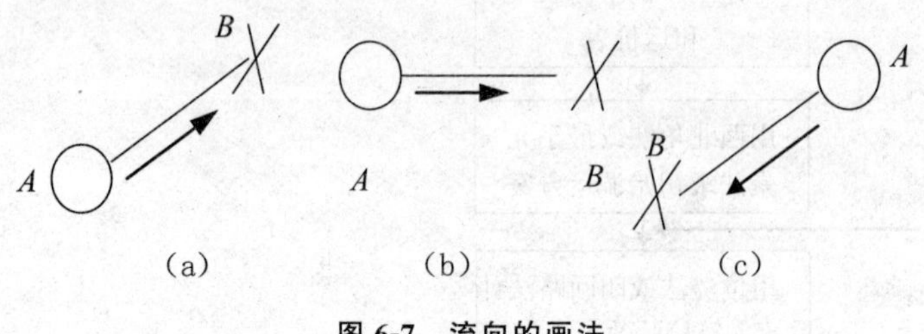

图 6-7　流向的画法

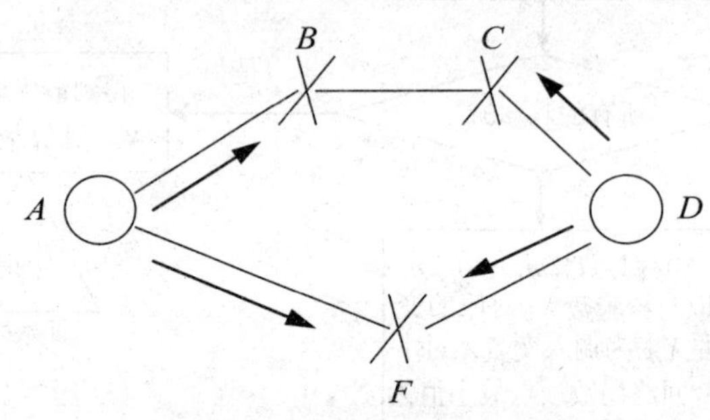

图 6-8　流向图的示意图

由此可知，当一个交通图成圈时，若运输方向沿逆时针方向，则需将流向“→”画在圈外，称为外圈流向；若运输方向是沿顺时针方向，则将流向“→”画在圈内，称为内圈流向。若图中每个发点的吨数全部运完，每个收点所需的吨数均已满足，则称此图为流向图。

在物资运输中，把某种物资从各发点调到各收点的调运方案是很多的，但人们的目的是找出吨公里数最小的调运方案，这就要注意在调运中不要发生对流运输和迂回运输，因此，在制订流向图时，就要避免这两种情况的出现。

① 对流：所谓对流，就是在一段线路上有同一种物资往返运输（同一段线路上，两个方向都有流向），如图 6-9 所示。

将某种物资 10 吨从 A_1 运往 B_2，同时又有同样的物资 10 吨从 A_2 运往 B_1，于是在 A_1A_2 之间就出现了对流现象。如果把流向图改成如图 6-10 所示，即将 A_1 的 10 吨运往 B_1，而将 A_2 的 10 吨运往 B_2，就避免了 A_1A_2 的对流，从而可以节约运输量 2×10×30＝600（吨公里）。

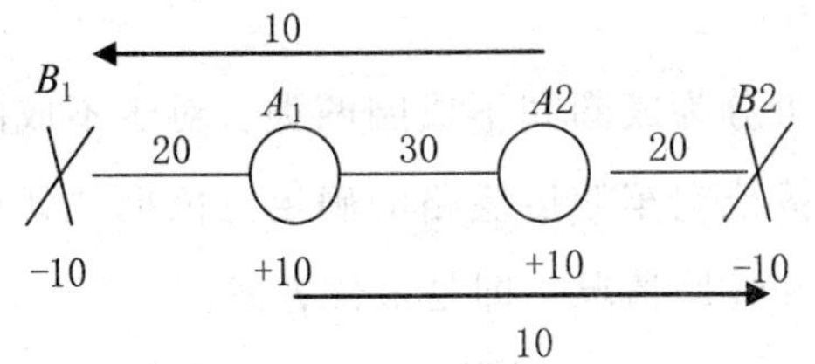

图 6-9　对流现象的示意图

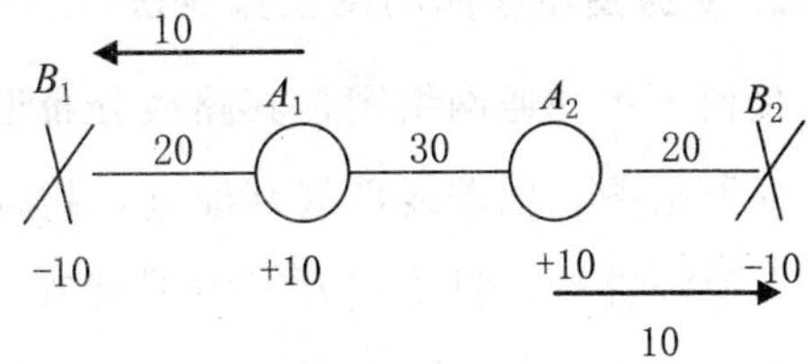

图 6-10　调整后的图形

②迂回：当交通图成圈时，如果流向图中内圈流向的总长（简称内圈长）或外圈流向的总长（简称外圈长）超过整个圈长的一半，就称为迂回运输。

例如某物资流向图如图 6-11 所示。显然，它是一个迂回运输流向图，它的内圈长（6）大于整个圈长的一半（5）。如果把它改成图 6-12，就避免了迂回现象，可节约运输量 5×6－5×4＝10（吨公里）。

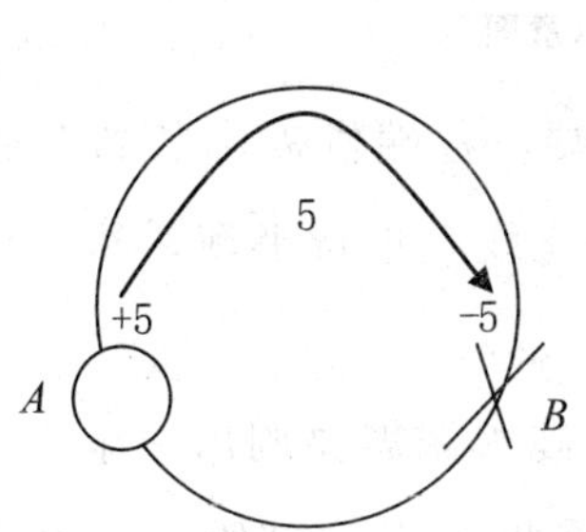

图 6-11　迂回现象的示意图

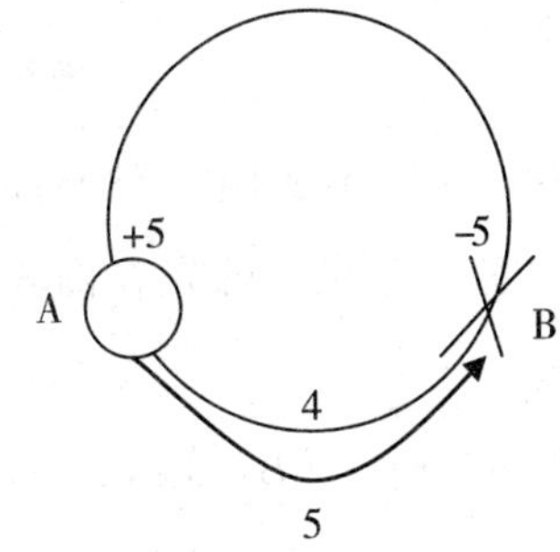

图 6-12　调整后的图形

线性规划中的图上作业法，可以帮助人们避免物资调动工作中的对流和迂回现象。运用线性规划理论可以证明，如果一个运输方案，没有对流和迂回，它就是一个运输力最省的最优方案。

从以上讨论可以看到，图上作业法的实质就是在一张交通图上寻找没有对流和迂回的最优流向图。为了贯彻这个原则，必须采用逐步逼近法，即可以先设法作一个流向图，然后检查它是不是最优的，如果是的话，问题就解决了；如果不是，就把这个流向图稍微变化一下，这样的变化称为调整。调整后的新流向图所花费的吨公里比原流向图的要少一些。然后再检查新流向图是不是最优的，如果仍旧不是，就再进行调整，一直到找到最优流向图为止。

物资运输的交通图总共分为两类：一类是不成圈的交通图，另一类是成圈的交通图。以下分别举例说明它们的最优流向图的求法。

2. 交通图不含圈的图上作业法

任何一张交通网络图，其路线分布形状可分为成圈和不成圈两类。对于不成圈的交通网络图，根据线性规划原理，物资调拨或空车调运线路的确定可依据“就近调空”原则进行，只要使方案中不出现对流和迂回情况，即是最优方案。

例：如表 6-23 所示，求水泥的最优调运方案，其交通图如图 6-13 所示。

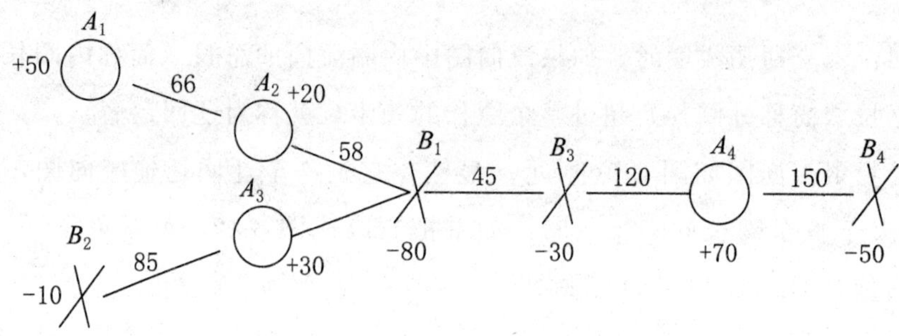

图 6-13　物资调拨示意图

此例中，道路不成圈，只要按口诀“抓各端，各端供需归邻站”处理，就能找到最优方案。为此，可先在图 6-13 中的各个支线上进行平衡，然后再在各支线间进行平衡。

首先看 $A_1 \rightarrow A_2 \rightarrow B_1$ 支线。A_1 与 A_2 共 70 吨水泥需要调出。显然，在调出时必须先经 B_1，而 B_1 又需调入 80 吨，所以最好将此 70 吨全部给 B_1。如前所述，在图 6-13 上可用沿着线路前进方向的右侧箭头来表示流向，并将按此流向调运的数量写在箭头的旁边，并把同方向的两个流向合并成一个。

表 6-23　调运水泥的物资平衡表

收点 发点	B1	B2	B3	B4	发量（吨）
A1					50
A2					20
A3					30
A4					70
收量（吨）	80	10	30	50	170

再看 $B_2 \rightarrow A_3 \rightarrow B_1$ 支线。A_3 需调出 30 吨，B_2 需调入 10 吨，本着先平衡支线的原则，从 A_3 调给 B_2 10 吨余下 20 吨须调给其他地方。由于自调出 A_3 时必经过 B_1，而 B_1 还需 10 吨，因此从 $A3$ 调给 A_1 10 吨，余下的 10 吨调给另外的地方。

最后看 $B_4 \to A_4 \to B_3 \to B_1$ 支线。为了避免对流，A_3 调出的 10 吨只能给 B_3，而 B_3 还需 20 吨，则由 A_4 供应，A_4 余下的 50 吨全部给 B_4。最后得到的流向图如图 6-14 所示。

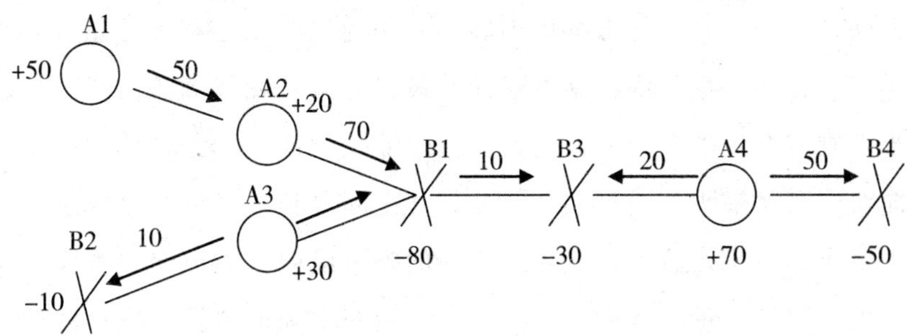

图 6-14　最优方案

如图 6-14 所示的流向图既无对流，又无迂回，所以它是最优流向图，对应的方案是最好方案。相应于该流向图的调运方案显然不是唯一的，下面给出两个调运方案，如表 6-24 所示。

表 6-24　最优的调运方案

方案 收点 / 发点	B_1		B_2		B_3		B_4		发量/吨
	方案 1	方案 2	方案 1	方案 2	方案 1	方案 2	方案 1	方案 2	
A_1	50	45				5			50
A_2	20	15				5			20
A_3	10	20	10	10	10				30
A_4					20	20	50	50	70
收量/吨	80		10		30		50		170

对于方案 1，运行的总吨公里是

$$f(x) = 50 \times (66 + 52) + 20 \times 52 + 10 \times 71 + 10 \times 85 + 10 \times (71 + 45) + 20 \times 120 + 50 \times 150$$
$$= 19560 \text{（吨公里）}$$

对于方案 2，运行的总吨公里是

$$f(x) = 45 \times (66 + 52) + 15 \times 52 + 20 \times 71 + 10 \times 85 + 5 \times (66 + 52 + 45) + 5 \times (52 + 45) + 20 \times 120 + 50 \times 150$$
$$= 19560 \text{（吨公里）}$$

3. 交通图含圈的图上作业法

对于成圈的交通网络，只要先假设某两点间线路“不通”，将成圈问题简化为不成圈问题考虑，这样就可得到一个初始的调运方案。这个方案还需进一步作优化处理，其方法是：先检查可行方案里内圈、外圈的流向线之和是否超过其周长的一半，如均小于周长的一半，则初始方案即为最优方案；如外圈流向线总长超过全圈周长的一半，则应缩短外圈流向；反之，就应缩短内圈流向。具体方法是：应该选择该圈流向线中流量最小的进行调整，在超过全圈总长 1/2 的内（或外）圈各段流向线上减去最小的运量，然后再在相反方向的外（或内）圈流向线和原来没有流向线的各段，加上同样数量的运量，这样就可得到一个新的调拨方案；然后再用上述方法处理，直到内圈、外圈空车流向线之和均小于周长的一半，此时，得到的调运方案即为最优方案。

例如，某地区物资供销情况如图 6-15 所示，现要求得物资调运的最优方案，可分为以下几个步骤进行。

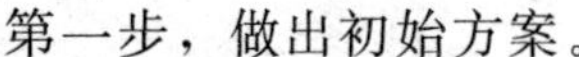

第一步，做出初始方案。

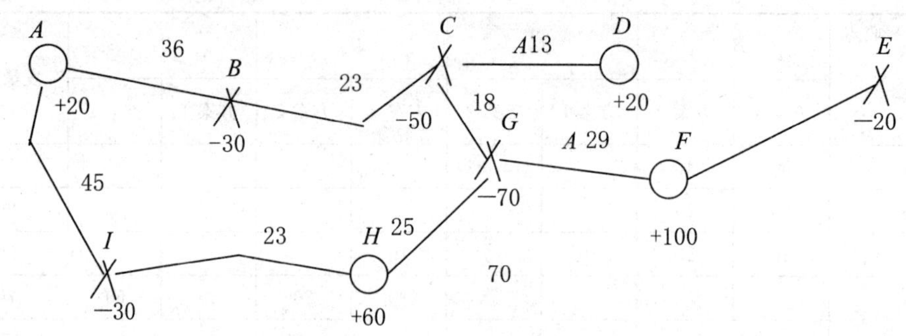

图 6-15　物资调拨示意图

本例中假定用掉 $A-B$ 一段，然后根据“就近调拨”的方法，即可得到如图 6-16 所示的物资调运初始方案。

第二步，检查。

本例中物资对流情况实际上是不会存在的，关键问题是要检查内圈、外圈流向线的总长，视其是否超过全圈（即封闭回环线路）长度的二分之一。本例中，全圈长为 45＋23＋25＋18＋23＋36＝170（km），半圈长为 170÷2＝85（km），外圈流向线总长为 45＋25＋18＋23＝111（km），里圈流向线总长为 23（km）。

由上可知，虽然内圈流向线总长不超过全圈长的一半，但是外圈流向线总长却

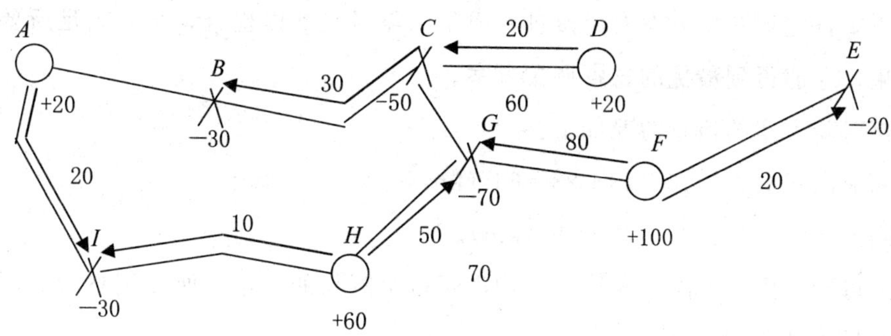

图 6-16　物资调适初始方案

超过了全圈长的一半（即 111＞85），可以断定该方案有迂回调拨现象存在，初始方案不合理，需要进行优化处理。

第三步，调整流向。

本例中，外圈流向线总长超过了全圈长的一半，应着手缩短外圈。外圈流向线中最小流量 $A-I$ 为“20”，所以应在外圈的各段流向线上均减去“20”，同时在内圈的各段流向线及原来没有流向线的 AB 段上分别加上“20”，这样就得到了如图 6-17 和表 6-25 所示的新的物资调拨方案。

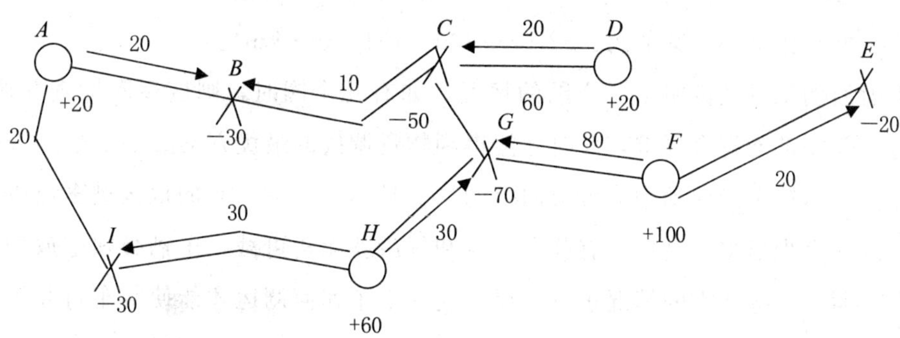

图 6-17　调整后的调拨方案

表 6-25　调整后的方案平衡表

收点 发点	B	C	E	G	I	发量/t
A	20					20
D		20				20
F	10		20	70		100
H		30			30	60
收量/t	30	50	20	70	30	200

新方案肯定比初始方案有所改进，但是仍需对它加以检查，直到满足所要求的检查结果，才能得到最优的物资调拨方案。

本例对新方案的检查情况如下：

外圈流向线总长：25+18+23=66（km）；

内圈流向线总长：23+36=59（km）。

由上可知，内、外圈流向线总长均没超过全圈长的一半，所以调整后的新方案即是最优物资调拨方案。

第四步，方案的比较。

前后两个方案中运力消耗情况如下。

第一方案：

45×20+23×30+60×18+29×80+127×20+20×13+50×25+23×10=9270（t·km）；

第二方案：

20×36+10×23+20×13+30×23+30×25+20×127+80×29+40×18=8230（t·km）。

第二方案比第一方案节约：9270-8230=1040（t·km）。

上面的例子只是说明了一个圈的情况，如有几个圈时，则应逐圈检查并调整，直到每一个圈都能符合要求，此时才能得到物资调拨的最优方案。

在汽车运输生产活动中，各流向上的物资是不平衡的，有的地区进多出少，另一些地区却进少出多。这样，有些车辆在卸货后就无货可载，车辆必须空放到其他地方去，而另一些地方的情况正好相反。这些空车如何调运才能使空车行驶里程最少，其实质就是一个与物资调拨相类似的问题，区别在于这里所需调拨的不再是物资，而是空车。所以，图上作业法在此要解决的问题是，在完成既定货物任务的前提下，如何组织循环运输以求最低限度的空驶里程。

再如，在给定交通图（图6-18）上，要求完成如表6-26所列的货运任务。根据上述方法求解，最后可得如图6-19所示的最优方案。

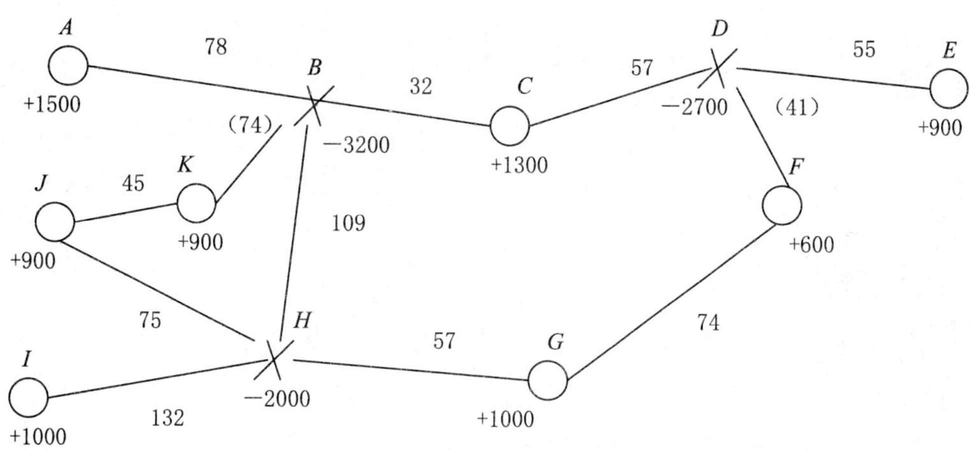

图 6-18　物资调拨示意图

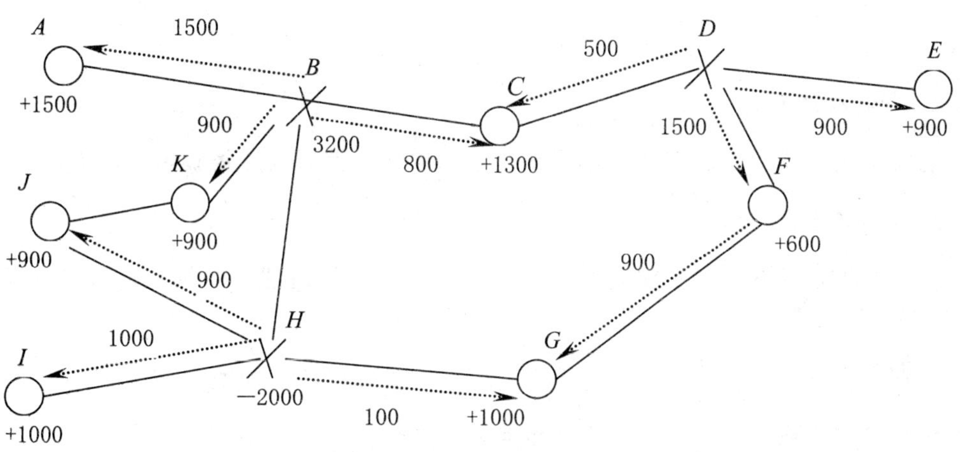

图 6-19　空车调运最优方案

表 6-26　货运任务

货名	发货点	收货点	运距/km	运量/t
××	G	B	166	900
××	G	H	57	100
××	I	H	132	1000
××	J	H	75	900
××	A	D	167	1000
××	A	B	78	500
××	K	B	74	900
××	F	D	41	600
××	E	B	144	900
××	C	D	57	1300

送货作业

1. 实训情景

江苏省南京市华润苏果超市是一家大型连锁超市，其配送中心在南京市栖霞区马群科技园。南京市苏果超市的几个大型门店包括清凉门店、天元路店、仙林店、新街口店、江宁黄金海岸店、大桥北路店。现为几个超市送货、设计一票运输业务，结合项目六所学配送路线设计方法分组讨论、设计最佳配送路线，形成配送运输设计方案。

2. 实训目标

能够根据具体运输需求情景进行配送路线设计，形成配送运输设计方案。

3. 实训准备

（1）在150平方米的实训室进行，每6人一组，每组选一个组长，每1人或2人担当一个角色。

（2）实训室具备电脑及GPS软件、打印设备及纸张；纸板、武汉市地图各3张；模具汽车2辆；货物若干；手推车6台，木托盘6个；箱子、胶带若干。

4. 工作步骤

（1）进行配送路线设计。根据南京市苏果超市的布局图，结合南京市地图，为几个超市送货，设计一票运输业务（选取5～10种商品）。结合本项目所学配送路线设计方法分组讨论、设计最佳配送路线，形成配送运输设计方案。

（2）车辆调度。

（3）车辆配装。

（4）运送。

5. 实训评价

学生根据送货作业实训，记录实训中出现的问题和未能完成实训的影响因素，归纳出送货作业需要注意的事项，形成书面的实训报告。

教师对各组训练完成情况进行点评。如表6-27所示。

表 6-27　送货作业

考评人		被考评人	
考评地点			
考评内容	送货作业		
考评标准	具体内容	分值	实际得分
	在规定时间内完成操作	10	
	表格设计的正确性	10	
	任务完成情况	25	
	实训报告	55	
合　　计		100	

注：考评满分为 100 分，60～74 分为及格，75～84 分为良好，85 分及以上为优秀。

一、选择题

1. 为了满足多品种少批量和少批量多频度的配送要求，需要以托盘、箱或单件作为配送单位进行作业，下列(　　)情况主要考虑进行托盘配货。

A. 多品种少批量　　　　B. 中品种多批量

C. 少品种多批量　　　　D. 少品种少批量

2. 节约里程法计算时，(　　)因素不是必须给的。

A. 车辆类型　　　　B. 配送距离

C. 各门店间的距离　　　　D. 节约距离

3. 车辆配载的依据是（　　）。

A. 客户分布情况　　　　B. 客户订单的送货时间

C. 配送商品的特性　　　　D. 交通状况

4. 合理配载是提高运输工具的（　　）的一种有效形式。

A. 装卸效率　　　　B. 运输效率

C. 装载率　　　　D. 实载率

5. 配载作业过程中，装货人员最常采用的配载方法是（　　）。

A. 经验法　　　　B. 容重法

C. 数学模型计算　　　　D. 软件模拟

二、简答题

1. 如何制订送货作业计划?

2. 表上作业法与图上作业法的区别是什么?

课外拓展

课外阅读指南:客户管理相关书籍,配送管理相关书籍,办公自动化相关书籍。

学习素材准备:沈文天主编,《配送作业管理》,高等教育出版社,2012年4月出版;

钱廷仙主编,《现代物流管理》,高等教育出版社,2009年3月出版;

朱华主编,《配送中心管理与运作》,高等教育出版社,2009年3月出版。

网络学习指南:http://www.chinawuliu.com.cn/zixun/class_10.shtml/中国物流与采购网/资讯中心/仓储配送;

http://www.chinawuliu.com.cn/xsyj/class_67.shtml /中国物流与采购网/学术研究/论文荟萃/配送与连锁;

http://bbs.chinawutong.com/中国物流论坛;

http://www.peisong.biz/ 中国配送网;

http://www.totallogistics.com.cn/天津全程物流配送有限公司。

总结提高

配载与送货作业如提高表如表 6-28 所示。

表 6-28　配载与送货作业提高表

项目六　配载与送货作业		
问　题	总　结	提高（建议）
你学习本模块最大的收获是什么？		
你认为本模块最有价值的内容是什么？		
哪些内容（问题）你需要进一步了解或得到帮助？		
为使你的学习更有效，你对本模块的教学有何建议？		
学生签字： 年　　月　　日		

项目七　配送成本控制和绩效评价

学习目标

【知识目标】

能认识配送成本控制的重要性；熟悉配送成本的特征、构成与核算方式；掌握配送成本控制的策略与方法；能认识配送绩效评价的意义，明确配送绩效评价的要素、方式与方法，掌握配送绩效评价的主要指标体系。

【技能目标】

会根据影响配送成本的不同因素，灵活地分析配送成本的构成与变化，并具备对配送各功能进行成本核算与控制的初步能力；会根据配送中心运作实情与评价目的、范围等选择适当的评价方式与方法，并构建相应的评价指标体系；会运用专业知识对配送绩效指标计算结果提出合理化建议，初步具备分析、解决实际问题的管理能力。

【职业能力目标】

培养满足一定的顾客服务水平与配送成本之间寻求平衡的观念，树立成本效益意识、绩效意识、创新意识。

工作情景

辛克物流是世界知名的国际货代企业和第三方物流公司，提供优秀的海、陆、空运输服务，综合化的物流解决方案以及全球连锁化管理。更因其多次承接奥运物流而扬名国际物流界。辛克物流承诺把环保管理作为物流业务的主要部分。事实上，辛克物流的政策已明确表明涉及环境管理系统（EMS）所有的过程及设施都应随时随地执行。辛克物流应遵守以下了原则来实践承诺。

1. 执　行

辛克物流将严格遵循公司所制订的适用于法律法规及其他相关要求的守则。公司会执行所有计划及流程以确保各守则的顺利实施。严格执行环境管理系统的标准是对日后的雇员培训、业绩考核和激励员工的一种关键措施。

若现时的法律制度未能充分保护人类的健康、安全和环境，辛克物流将尽力建立一套完全符合环境管理系统的质量标准，借以坚守辛克物流的环保承诺。

2. 预　防

辛克物流将实施一系列的管理系统及流程，用以防止威胁环境保护的所有活动或情形的发生。此外，辛克物流通过环保管理系统技术及其操作流程将对工作环境和社区的影响减到最小，并准备好应急事件的特殊处理方案。

辛克物流一直努力以防止将废气、废物释放到空气、土壤或水中。辛克物流确保使用安全的废物处理手法，务求减少产生浪费的数量及各种有毒物质的排放。

3. 信息交流

辛克物流将向辛克物流的雇员、供应商及客户传达对环境管理系统的承诺及义务。辛克物流会结合他们的力量，共同实践辛克物流对环境管理系统所制订的目标，并协助他们达成他们各自环保的目标。

4. 持续改进

辛克物流将持之以恒地找寻机会，不断改进相关环保规则，定期回顾执行过程中所发生的问题，以尽一切的力量保护环境、爱护地球。

任务描述

对比我国企业习惯追求“大而全”的豪爽经营风格，再仔细看看实力雄厚的跨国企业孜孜追求“小而精”的经营方式，就会明白做好物流的真谛不是看谁的配送中心大，而是看谁的成本低、效率高、服务好。所以，成本与绩效管理是配送企业知已知彼优化创新的“促进器”，更是一点一滴的日常管理业务。

下面将分别对这些任务进行确认，并对任务的实施给予理论与实际操作的指导。

任务一　配送成本控制

一、配送成本的含义

配送是物流企业重要的作业环节，是指在经济合理区域范围内，根据客户要求，对物品进行拣选、加工、包装、分割、组配等作业，并按时送达指定地点的物流活动。通过配送，物流活动才得以最终实现，但完成配送活动是需要付出代价的，即需配送成本。配送成本的高低直接影响配送中心的利润。配送成本支出的高低受到各方面因素的影响，所以在配送成本管理过程中，必须树立配送成本效益观念，清楚地认识配送成本的特点，明确影响配送成本高低的因素，认真分析配送成本的构成，并采取适当的措施控制不必要的成本开支，为整个配送活动创造更多的利润。

配送成本（Distribution Cost）是配送过程中所支付的费用总和。根据配送流程及配送环节，配送成本实际上含配送运输费用、分拣费用、配装及流通加工费用等全过程。配送成本费用的核算是一个多环节的核算，是各个配送环节或活动的集成。配送各个环节的成本费用核算都具有各自的特点，如流通加工的费用核算与配送运输费用的核算具有明显的区别，其成本计算的对象及计算单位都不同。所谓配送成本，是配送过程中所支付的费用的总和。

二、配送成本的计算步骤

1. 计算配送成本费用的一般步骤

配送成本费用核算是一个多环节的核算，是各个配送环节或活动的集成。在实际核算时，是指涉及哪个活动，应当对哪个配送活动进行核算。

配送成本费用的计算涉及多环节的成本计算，对每个环节应当计算各成本计算对象的总成本。总成本是指成本计算期内成本计算对象的成本总额，即各个成本项目金额之和。配送成本费用总额是由各个环节的成本组成的。其计算公式如下：

配送成本＝配送运输成本＋分拣成本＋配装成本＋流通加工成本

需要指出的是，在进行配送成本费用核算时，要避免配送成本费用重复交叉，夸大或减小费用的支出，使配送成本费用不真实，不利于配送成本的管理。

小知识

按支付形态计算配送成本

按支付形态计算配送成本如表 7-1 所示。

表 7-1　按支付形态计算配送配送成本

支付形态 \ 范围					分店				顾客				商品				合计
企业配送成本	本企业支付配送费	企业本身配送费	材料费	资料费													
				燃料费													
				消耗性工具、器具费													
				其他													
				合计													
			人工费	工资、薪水、补贴													
				福利费													
				其他													
				合计													
			公益费	电费													
				煤气费													
				消费													
				其他													
				合计													
			维护费	维修费													
				消耗性材料费													
				课税													
				租赁费													
				保险费													
				其他													
				合计													
			一般经费														
			特别经费	折旧费													
				企业内利息合计													
			企业本身配送费合计														
		对外委托费															
		本企业支付配送费															
	外企业支付配送费																
	企业配送费总计																

2. 各种类别的配送费用的计算

（1）配送运输成本的核算

配送运输成本的核算，是指将配送车辆在配送生产过程中所发生的费用，按照规定的配送对象和成本项目，计入到配送对象的运输成本项目中去的方法。

① 配送运输成本的数据来源。

第一，工资及职工福利费。根据“工资分配汇总表”和“职工福利费计算表”中各车型分配的金额计入成本。第二，燃料。根据“燃料发出凭证汇总表”中各车型耗用的燃料金额计入成本。配送车辆在本企业以外的油库加油，其领发数量不作为企业购入和发出处理的，应在发生时按照配送车辆领用数量和金额计入成本。第三，轮胎。轮胎外胎采用一次摊销法的，根据“轮胎发出凭证汇总表”中各车型领用的金额计入成本；采用按行驶胎公里提取法的，根据“轮胎摊提费计算表”中各车型应负担的摊提额计入成本。发生轮胎翻新费时，根据付款凭证直接计入各车型成本或通过待摊费用分期摊销。内胎、垫带根据“材料发出凭证汇总表”中各车型成本领用的金额计入成本。第四，修理费。辅助生产部门对配送车辆进行保养和修理的费用，根据“辅助营运费用分配表”中分配各车型的金额计入成本。第五，折旧费。根据“固定资产折旧计算表”中按照车辆种类提取的折旧金额计入各分类成本。第六，养路费及运输管理费。配送车辆应缴纳的养路费和运输管理费，应在月终计算成本时，编制“配送营运车辆应缴纳养路费及管理费计算表”，据此计入配送成本。第七，车船使用税、行车事故损失和其他费用。如果是通过银行转账、应付票据、现金支付的，根据付款凭证等直接计入有关的车辆成本；如果是在企业仓库内领用的材料物资，根据“材料发出凭证汇总表”“低值易耗品发出凭证汇总表”中各车型领用的金额计入成本。第八，营运间接费用。根据“营运间接费用分配表”计入有关配送车辆成本。

② 配送运输成本计算表。

物流配送企业月末应编制配送运输成本计算表，以反映配送总成本和单位成本。配送运输总成本是指成本计算期内成本计算对象的成本总额，即各个成本项目金额之和。单位成本是指成本计算期内各成本计算对象完成单位周转量的成本额。

各成本计算对象计算的成本降低额，是指用该配送成本的上年度实际单位成本乘以本期实际周转量计算的总成本，减去本期实际总成本的差额。它是反映该配送运输成本由于成本降低所产生的节约金额的一项指标。按各成本计算对象计算的成本降低率，是指该配送运输成本的降低额与上年度实际单位成本乘以本期实际周转量计算的总成本比较的百分比。它是反映该配送运输成本降低幅度的一项指标。各成本计算对象的降低额和降低率的计算公式如下：

成本降低额＝上年度实际单位成本×本期实际周转量－本期实际总成本

成本降低率＝成本降低额/（上年度实际单位成本×本期实际周转量）×100％

配送运输成本计算表的格式如表 7-2 所示。

表 7-2　配送运输成本计算表

编制单位：　　　　　　　　　　　年　　月份　　　　　　　　　　　（单位：元）

项　　目	计算依据	配送车量合计	配送营运车辆					
			解放牌	东风牌				
一、车辆费用								
工资								
职工福利								
燃料								
轮胎								
修理费								
折旧								
养路费								
车船使用税								
运输管理费								
行车事故损失								
其他								
二、营运间接费用								
三、配送运输总成本								
四、周转量/（千吨·公里）								
五、单位成本/元								
六、成本降低率								

（2）分拣成本核算

①分拣成本计算方法。配送环节分拣成本计算方法，是指分拣过程中所发生的费用，按照规定的成本计算对象和成本项目，计入分拣成本的方法。第一，工资与职工福利费。根据“工资分配汇总表”和“职工福利费计算表”中分配的金额计入分拣成本。第二，修理费。辅助生产部门对分拣机械进行保养和修理的费用，根据“辅助生产费用分配表”分配的金额计入分拣成本。第三，折旧。根据“固定资产折旧计算表”中按照分拣机械提取折旧金额计入成本。第四，其他。根据“低值易

耗品发出凭证汇总表”中分拣成本领用的金额计入成本。第五，分拣间接费用。根据“配送管理费用分配表”计入分拣成本。

②分拣成本计算表。物流配送企业月末应编制配送分拣成本计算表，反映配送分拣总成本，如表 7-3 所示。

表 7-3　分拣成本计算表

编制单位：　　　　年　　月份　　　　（单位：元）

项　　目	计算依据	合　　计	分拣品种				
			货物甲	货物乙			
一、分拣直接费用							
工资							
福利							
修理费							
折旧							
其他							
二、分拣间接费用							
分拣总成本							

（3）配装成本的计算

配装成本是指完成配装货物过程中所发生的各种费用。

① 配送环节的配装活动是配送的独特要求，其成本的计算方法，是指配装过程中所发生的费用按照规定的成本计算对象和成本项目进行计算的方法。

第一，工资及福利费。根据“工资分配汇总表”和“职工福利费计算表”中分配的配装成本的金额计入成本。“职工福利费计算表”是依据“工资结算汇总表”确定的各类人员工资总额，按照规定的提取比例计算后编制的。

第二，材料费用。根据“材料发出凭证汇总表”“领料单”“领料登记表”等原始凭证中配装成本耗用的金额计入成本。直接材料费用中，材料费用数额是根据领料凭证汇总编制“耗用材料汇总表”确定的；在归集直接材料费用时，凡能分清某一成本计算对象的费用，应单独列出，以便直接计入该配装对象的成本计算单中；属于几个配装成本对象共同耗用的直接材料费用，应当选择适当的方法，分配计入各配装成本计算对象的成本计算单中。

第三，辅助材料费用。根据“材料发出凭证汇总表”“领料单”中的金额计入成本。

第四，其他费用。根据“材料发出凭证汇总表”“低值易耗品发出凭证”中配装成本领用的金额计入成本。

第五，配装间接费用。根据“配送间接费用分配表”计入配装成本。

② 配装成本计算表。物流配送企业月末应编制配送环节配装成本计算表，以反映配装过程发生的成本费用总额。如表 7-4 所示。配装作业是配送的独特要求，只有进行有效的配装，才能提高送货水平，降低送货成本。

表 7-4　配装成本计算表

编制单位：　　　　年　　月份　　　　（单位：元）

项　目	计算依据	合　计	配装品种				
			货物甲	货物乙			
一、配装直接费用							
工资							
职工福利费用							
材料费							
辅助材料费							
其他							
二、配装间接费用							
配装总成本							

（4）流通加工成本的核算

① 流通加工成本项目和内容。

第一，直接材料费。流通加工的直接材料费用是指流通加工产品加工过程中直接消耗的材料、辅助材料、包装材料以及燃料和动力等费用。与工业企业相比，在流通加工过程中的直接材料费用，占流通加工成本的比例不大。

第二，直接人工费用。流通加工成本中的直接人工费用，是指直接进行加工生产的生产工人的工资总额和按工资总额提取的职工福利费。生产工人工资总额包括计时工资、计件工资、奖金、津贴和补贴、加班工资、非工作时间的工资等。

第三，制造费用。流通加工制造费用是物流中心设置的生产加工单位为组织和管理生产加工所发生的各项间接费用。主要包括流通加工生产单位管理人员的工资及提取的福利费，生产加工单位房屋、建筑物、机器设备等的折旧和修理费，生产单位固定资产租赁费、机物料消耗、低值易耗品摊销、取暖费、水电费、办公费、差旅费、保险费、试验检验费、季节性停工和机器设备修理期间的停工损失以及其他制造费用。

② 流通加工成本项目的归集。

第一，直接材料费用的归集。直接材料费用中，材料和燃料费用数额是根据全部领料凭证汇总编制的“耗用材料汇总表”确定的，外购动力费用是根据有关凭证确定的。在归集直接材料费用时，凡能分清某一成本计算对象的费用，应单独列出，以便直接计入该加工对象的成本计算单中；属于几个加工成本对象共同耗用的直接材料费用，应当选择适当的方法，分配计入各加工成本计算对象的成本计算单中。

第二，直接人工费用的归集。计人成本中的直接人工费用的数额，是根据当期“工资结算汇总表”和“职工福利费计算表”来确定的。“工资结算汇总表”是进行工资结算和分配的原始依据。它是根据“工资结算单”按人员类别（工资用途）汇总编制的。“工资结算单”应当依据职工工作卡片、考勤记录、工作量记录等工资计算的原始记录编制。“职工福利费计算表”是依据“工资结算汇总表”确定的各类人员工资总额，按照规定的提取比例计算后编制的。

第三，制造费用的归集。制造费用是通过设置制造费用明细账，按照费用发生的地点来归集的。制造费用明细账按照加工生产单位开设，并按费用明细账项目设专栏组织核算。流通加工制造费用表的格式可以参考工业企业的制造费用表的一般格式。由于流通加工环节的折旧费用、固定资产修理费用等占成本的比例较大，其费用归集尤其重要。

③ 流通加工成本计算表。物流配送企业月末应编制流通加工成本计算表，以反映配送总成本和单位成本。配送环节的流通加工成本是指成本计算期内成本计算对象的成本总额，即各个成本项目金额的总和，如表 7-5 所示。

表 7-5 流通加工成本计算表

编制单位： 年 月份 （单位：元）

项目	计算依据	合计	流通加工品种				
			产品甲	产品乙			
直接材料							
直接人工							
制造费用							
合计							

知识链接

作业成本核算法

传统上的物流成本计算总是被分解得支离破碎、难辨虚实。ABC成本法（Activity-Based Costing，简称ABC）以产品和服务消耗作业，作业消耗资源并导致成本的发生为理论基础，从而把成本核算深入到物流作业层面，有利于达到揭示“物流成本冰山说”的目的。

作业成本核算法在配送中心成本管理中的应用主要有三个层面。

第一个层面，配送中心产品或服务成本计算。这是核心，即应用作业成本法中的特计算方法准确地计算配送中心产品或服务的成本。

第二个层面，配送中心的产品或服务定价。即在获得正确的产品或服务成本信息的基础上，将作业和资源分析的观点应用于配送产品或服务的定价决策。

第三个层面，配送中心的成本控制。在前两个层面的基础上，利用成本动因分析发现配送中心中的无效作业，选择合适的方法进行作业改善，以实现成本管理降低成本、提高效率的最终目的。

三、配送成本的控制

1. 影响配送成本的因素

影响配送成本的各因素之间相互制约、相互影响，单纯地加强某种因素的影响，必然产生对另一种因素的制约。配送成本的控制并不仅仅是各个因素简单地相加，而是一个复杂的平衡和协调的过程，影响配送成本的因素如表7-6所示。

表7-6　影响配送成本的因素

影响因素	解　　释
时间	配送时间越长，占用配送中心的固定成本越高。表现为配送中心不能提供其他配送服务，收入减少，或者表现为配送心在其他服务上增加成本
距离	距离是影响配送成本的主要因素。距离越远，配送成本越高，同时造成运输设备及送货人员的增加

续表 7-6

影响因素	解　释
货物的数量与重量	货物数量和重量的增加虽然会使配送作业量增加，但大批量的作业往往会使配送效率提高，因此，配送数量和重量是客户获得价格折扣的理由
货物的种类及作业过程	不同种类的货物配送难度不同，对配送作业过程及要求也不同，配送中心承担的责任也不一样，因而对配送成本产生较大幅度的影响。如采用原包装配送的成本显然要比配装配送成本低，其作业过程差别也较大
外部成本	配送经营时要用到配送中心以外的资源并支付相关费用，如当地路桥费、入城证、各种处罚、占道违规停车、保险费用、意外事故、吊运设备租赁费等

2. 配送成本控制的基本方法

配送成本控制方法，包括绝对成本控制法和相对成本控制法。

（1）绝对成本控制

绝对成本控制是把成本支出控制在一个绝对的金额之内的成本控制方法。绝对成本控制从节约各种费用支出、杜绝浪费的途径进行配送成本控制，要求把营运过程中各环节发生的一切费用的支出，都列入成本控制范围。标准成本和预算控制是绝对成本控制的主要方法。

（2）相对成本控制

相对成本控制是通过成本与产值、利润、质量和功能等因素的对比分析寻求在一定制约因素下取得最优经济效益的一种成本控制方法。相对成本控制扩大了配送成本控制的领域，要求配送企业在降低配送成本的同时，充分注意与成本关系密切的因素，诸如配送产品结构、项目结构、配送服务水平等方面的工作，目的在于提高控制成本支出的效益，既减少单位产品的成本投入，又提高整体经济效益。

实例

物流服务水平与物流成本之间的关系曲线的移动

从图 7-1 可以看出，将曲线向右移动，则 A、B 两点相应地变化为 A'（79，60）和 B'（91，100），相应的，可以计算发生变化后的 MS 即为：$MS'=\Delta C'/\Delta S'$ =（100－60）/（91－79）＝40/12＝3.33。虽然此时仍有 $MS'=3.33\geqslant 1$，但是可以看到，$MS'=3.33<MS=3.64$，且 $\Delta S'=12>\Delta S=11$，即在物流成本没有增加

的情况下，服务水平提高了，（$\Delta S-\Delta S'$）/ΔS=（11－12）/11=9.1%。这说明存在一种方案，能够在保持物流服务提供方收益（即物流成本）的同时，提高物流服务水平，使物流服务需求方更满意；反过来说，如果保持物流服务水平不变，可以减少物流服务提供方的成本支出，从而间接地增加物流服务提供方的收益，这样就可减少双方在物流成本与物流服务之间的冲突。

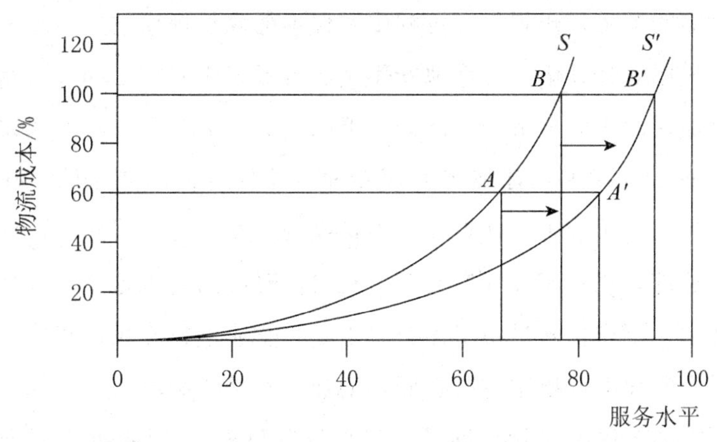

图 7-1　物流服务水平与物流成本之间的关系曲线

3. 配送成本控制的基本程序

（1）制订控制标准

成本控制标准是控制成本的重要依据，物流配送成本标准，应按实际的配送环节分项制订，不同的配送环节，其成本项目是不同的。制订配送作业的成本控制标准，业务数量标准通常由技术部门研究决定，费用标准由财务部门和有关责任部门研究决定，同时尽可能吸收负责执行标准的职工参与各项标准的制订，从而使所制订的标准符合实际配送活动的要求。

（2）揭示成本差异

成本控制标准制订后要与实际费用比较，及时揭示成本差异。差异的计算与分析也要与所制订的成本项目进行比较。

（3）成本反馈

在成本控制中，成本差异的情况要及时反馈给有关部门，以便及时控制。

4. 降低配送成本的策略

（1）混合策略

混合策略是指配送业务一部分由企业自身完成。这种策略的基本思想是，尽管采用纯策略（即配送活动要么全部由企业自身完成，要么完全外包给第三方物流完成）易形成一定的规模经济，并使管理简化，但由于产品品种多变、规格不一等情况，采用纯策略的配送方式超出一定程度不仅不能取得规模效益，反而还会造成规模不经济。而采用混合策略，合理地安排企业自身完成的配送和外包给第三方物流完成的配送，能使配送成本最低。例如，美国一家干货生产企业为满足遍及全美的1000家连锁店的配送需要，建造了6座仓库，并拥有自己的车队。随着经营的发展，企业决定扩大配送系统，计划在芝加哥投资700万美元再建一座新仓库，并配以新型的物料处理系统。该计划提交董事会讨论时，却发现这样不仅成本较高，而且就算仓库建起来也还是满足不了需要。于是，企业把目光投向租赁公共仓库，结果发现，如果企业在附近租用公共仓库，增加一些必要的设备，再加上原有的仓储设施，企业所需的仓储空间就足够了，但总投资只需20万美元的设备购置费，10万美元的外包运费，加上租金，也远没有700万美元之多。

（2）差异化策略

差异化策略的指导思想是：产品特征不同，顾客服务水平也不同。当企业拥有多种产品线时，不能对所有的产品都按同一标准的顾客服务水平来配送，而应按产品的特点、销售水平，来设置不同的库存、不同的运输方式以及不同的储存地点，忽视产品的差异性会增加不必要的配送成本。例如，一家生产化学品添加剂的公司，为降低成本，按各种产品的销售量比重进行分类：A类产品的销售量占总销售量的70%以上，B类产品占20%左右，C类产品则为10%左右。对A类产品，公司在各销售网点都备有库存，B类产品只在地区分销中心备有库存而在各销售网点不备有库存，C类产品连地区分销中心都不设库存，仅在工厂的仓库才有存货。经过一段时间的运行，事实证明这种方法是成功的，企业总的配送成本下降了20%之多。

（3）合并策略

合并策略包含两个层次，一是配送方法上的合并，另一个则是共同配送。

①配送方法上的合并。企业在安排车辆完成配送任务时，应充分利用车辆的容积和载重量，做到满载满装，这是降低成本的重要途径。由于产品品种繁多，不仅

包装形态、储运性能不一，在容重方面也往往相差甚远。一车上如果只装容重大的货物，往往是达到了载重量，但容积空余很多；只装容重小的货物则相反，看起来车装得满，实际上并未达到车辆载重量。这两种情况实际上都造成了浪费。实行合理的轻重配装、容积大小不同的货物搭配装车，就可以不但在载重方面达到满载，而且也可以充分利用车辆的有效容积，取得最优效果。最好是借助电脑计算货物配车的最优解。

②共同配送是一种产权层次上的共享，也称集中协作配送。它是几个企业联合，集小量为大量，共同利用同一配送设施的配送方式，其标准运作形式是：在中心机构的统一指挥和调度下，各配送主体以经营活动（或以资产为纽带）联合行动，在较大的地域内协调运作，共同对某一个或某几个客户提供系列化的配送服务。这种配送有两种情况：一是种中小生产、零售企业之间分工合作实行共同配送，即同一行业或在同一地区的中小型生产、零售企业在单独进行配送的运输量少、效率低的情况下进行联合配送，不仅可减少企业的配送费用，配送能力得到互补，而且有利于缓和城市交通拥挤，提高配送车辆的利用率；第二种是几个中小型配送中心之间的联合，针对某一地区的用户，由于各配送中心所配物资数量少、车辆利用率低等原因，几个配送中心将用户所需物资集中起来，共同配送。

（4）延迟策略

传统的配送计划安排中，大多数的库存是按照对未来市场需求的预测量设置的，这样就存在着预测风险，当预测量与实际需求量不符时，就出现库存过多或过少的情况，从而增加了配送成本。延迟策略的基本思想就是对产品的外观、形状及其生产、组装、配送应尽可能推迟到接到顾客订单后再确定，一旦接到订单就要快速反应。因此，采用延迟策略的一个基本前提是信息传递要非常快。一般说来，实施延迟策略的企业应具备以下几个基本条件。

①产品特征：模块化程度高，产品价值密度大，有特定的外形，产品特征易于表述，定制后可改变产品的容积或重量。

②生产技术特征：模块化产品设计，设备智能化程度高，定制工艺与基本工艺差别不大。

③市场特征：产品生命周期短，销售波动性大，价格竞争激烈，市场变化大，产品的提前期短。

实施延迟策略常采用两种方式：生产延迟（或称形成延迟）和物流延迟（或称

时间延迟），而配送中往往存在着加工活动，所以实施配送延迟策略既可采用形成延迟方式，也可采用时间延迟方式。具体操作时，常常发生在诸如贴标签（形成延迟）、包装（形成延迟）、装配（形成延迟）和发送（时间延迟）等领域。美国一家生产金枪鱼罐头的企业就通过采用延迟策略改变配送方式，降低了库存水平。这家企业为提高市场占有率，曾针对不同的市场设计了几种标签，产品生产出来后运到各地的分销仓库储存起来。由于顾客偏好不一，几种品牌的同一产品经常出现某种品牌的畅销而缺货，而另一些品牌却滞销压仓。为了解决这个问题，该企业改变了以往的做法，在产品出厂时都不贴标签就运到各分销中心储存，当接到各销售网点的具体订货要求后，才按各网点指定的品牌标志贴上相应的标签，这样就有效地解决了此缺彼涨的矛盾，从而降低了库存。

（5）标准化策略

标准化策略就是尽量减少因品种多变而导致附加配送成本，尽可能多地采用标准零部件、模块化产品。如服装制造商按统一规格生产服装，直到顾客购买时才按顾客的身材调整尺寸大小。采用标准化策略要求厂家从产品设计开始就要站在消费者的立场去考虑怎样节省配送成本，而不要等到产品定型生产出来了才考虑采用什么技巧降低配送成本。

实例

降低航空货运成本的新举措

“电子货运”是继“电子机票”之后，国内外航空货运公司所倡导的又一个旨在减少纸质文件、提高运输效率、降低成本的民航业“简化商务”项目。根据全球范围内的统计，国际航空运输业平均每票货物要办理多达 35 份纸质文件，如果把一年内使用的所用货运文件全部加在一起，足以装满 39 架单机载量超过一百吨的波音 747 全货机。

电子货运的实施，将至少减少货运全过程中 62％的用纸量，降低货站库存 22％，平均缩短运输时间 24 小时，并能大幅度减少数据录入差错和海关罚金。每年可使航空业节约 17 亿美元的成本，实现经济效益和社会效益的双丰收。所以，配送成本的控制一定要随着各方面的发展不断地创新。

四、配送服务与成本之间的二律背反

1. 二律背反问题

配送各项活动如运输、保管、搬运、包装，流通加工之间存在着二律背反（trade off)。所谓二律背反，是指“同一资源”（例如成本）的两个方面处于相互矛盾的关系之中，要达到某个目的，必然要损失一部分另一目的。

例如，尽量减少库存据点以及库存，必然引起库存补充频繁，从而增加运输次数。简化包装，则包装作业强度降低，包装成本降低，但却导致了仓库里的货物不能堆放过高，降低了保管的效率，而且在装卸和运输过程中容易出现包装破裂，导致搬运效率降低，破损率增加。如果航空运输取代了铁路运输，虽然运费增加了，但是运输速度却大大提高，因此不仅仅减少了各物流据点的库存量，也使得仓储费大大降低。

2. 二律背反使得配送系统化成为必要

由于各配送活动之间存在二律背反关系，因此各个子系统，包括运输子系统，保管子系统、不能以其自身成本最低为目标，必须要从总体效益出发来研究，即以整体的眼光看问题。

3. 配送成本与配送服务之间的二律背反问题

一般说来，提高配送服务，配送成本即上升（受到收益递减法则的支配)；处于高水平的配送服务，成本增加而配送服务水平不能按比例相应地提高。企业在选择具体措施时，应通盘考虑商品战略和地区销售战略；通盘考虑流通战略和竞争对手，通盘考虑物流成本、物流系统所处的环境以及物流系统负责人所采用的方针等。

五、配送成本与配送服务的分析

配送服务的目标就是以尽可能低的配送成本来实现较高的配送服务。一般来说，配送成本与配送服务的关系有以下四种形式。

1. 在保持配送服务不变的前提下，考虑降低配送成本

它通过改变配送系统的方法，在保持既定的服务水平下，来寻求降低成本的途

径，即追求效益的提高。

2. 在成本不变的前提下提高服务水平

这是在现有的成本水平下，通过有效地利用投入的成本来改善配送诸功能，提高服务水平，体现的是一种追求成本绩效的做法。

3. 配送服务水平和成本均增高，即为了提高服务水平不惜增加成本

这是大多数企业在提高服务水平时的状态，也是企业在特定的顾客或特定的商品面临竞争时所采取的战略措施，它主要通过增值物流服务来实现。

4. 成本降低服务水平提高，用较低的成本来实现较高的配送水平

这是一种双赢的措施。通过对企业物流系统的流程再造，实现一种新的企业物流模式，达到降低成本、提高服务水平的目的。

配送成本分析

1. 实训情景

低成本战略是沃尔玛的看家本领。在配送运作过程中尽可能降低成本，把节省后的成本让利于消费者，是沃尔玛一贯的经营宗旨。其配送中心降低成本的系列方法如下：

(1) 合理地设置配送中心与卖场的位置；

(2) 配送中心的规模化运作；

(3) 充分应用先进的物流信息技术；

(4) 顺畅的配送作业流程；

(5) 快速高效的配送运作系统。

一般来说，物流成本占整个销售额的比例一般都要达到10%左右。经济学家斯通博士在对美国零售企业的研究中发现，在美国的三大零售企业中，商品配送成本占销售额的比例为：沃尔玛是1.3%，凯马特是8.75%，希尔斯则为5%。

2. 实训目标

灵活高效的配送系统使得沃尔玛在激烈的零售业竞争中技高一筹。请结合配送成本管理的相关知识，撰写实训报告，总结沃尔玛配送中心的低成本运作的实现方法，同时思考对我国零售企业配送中心的运作有何借鉴之处，加强对配送成本的理解。

3. 实训准备

（1）模拟实训室一间，能容纳 50 个人，多媒体投影仪 1 台，屏幕 1 个，白板 1 个。

（2）对学生进行分组，每组 2 人。

（3）学生在实训老师的指导下，选择任务情景，按照步骤完成实训，教师可根据需要给出相应的数据和人员信息。

4. 工作步骤

（1）教师布置实训任务；

（2）学生根据教师布置的实训任务，收集资料，撰写实训报告；

（3）不同小组总结发言，交流经验；

（4）教师总结。

5. 实训评价

学生根据物流成本控制实训，记录实训中出现的问题和未能完成实训的影响因素，归纳出物流成本控制需要注意的事项。

教师对各组训练完成情况进行点评。如表 7-7 所示。

表 7-7　配送成本分析

考评人		被考评人	
考评地点			
考评内容	配送成本分析		
考评标准	具体内容	分值	实际得分
	在规定时间内完成操作	10	
	创新精神	10	
	团队合作	25	
	实训报告撰写情况	55	
合　计		100	

注：考评满分为 100 分，60～74 分为及格，75～84 分为良好，85 分及以上为优秀。

任务二 配送绩效评价

知识学习 >>>

一、配送绩效评价的概念

单纯地从语言学的角度来看，绩效包含有成绩和效益的意思。用在经济管理活动方面，是指社会经济管理活动的结果和成效；用在人力资源管理方面，是指主体行为或者结果中的投入产出比；用在公共部门中来衡量政府活动的效果，则是一个包含多元目标在内的概念。

配送绩效评价是企业管理和提高生产力的重要手段和工具，是一种监督手段，也是一种激励手段，它本身是对计划、任务执行情况的检查监督，同时一般也会与各种利益挂钩，因此具有激励作用。配送绩效一般是指配送的经营效益和经营者的业绩。具体来说，配送绩效评价（Distribution Center Performance Evaluation）是运用数量统计和运筹学方法，采用特定的指标体系，对照统一的评价标准，按照一定的程序，通过定量、定性分析，对配送的经营效益和经营者的业绩作出客观、公正和准确的综合判断。

为了能准确地评价一个配送给其客户提高服务的质量和给自身带来的效益，首先需要对配送的运行状况进行客观的度量，然后根据度量结果对配送的运行绩效进行评价。

二、配送绩效评价的目标和作用

1. 配送绩效评价的目标

①应用配送系统标准体系实时对配送系统运作绩效进行控制，以此改进配送运作程序，调整运作方式。

②评价配送作业绩效，了解配送中心空间、人员、设施、物品、订单、时间、成本、品质、作业规划等各个要素的状况，以便采取改进的措施。

③评价配送业务各部门和人员的工作绩效，达到激励员工、优化配送运作效率的目的。

④通过评价服务水平和配送成本，并与以往进行比较分析，向管理者和客户提供绩效评估报告。

2. 配送绩效评价的作用

①提出和追踪配送运作目标及完成情况，并进行不同层次和角度的分析与评价，实现对配送活动的事前控制。

②判断配送运作目标的可行性和完成程度，进而调整配送目标。

③提升配送绩效。

④是企业内部监控的有效工具和方法。

⑤分析与评估配送运作的资源素质与能力，确定配送企业发展战略。

三、配送绩效评价的基本原则

建立和开展配送中心的绩效评价工作，应遵循以下原则。

（1）目的性原则

绩效指标的设立必须要有很强的目的性，以提高配送中心业务运营的效率和整体经济效益为最终目的。

（2）科学性原则

绩效评价指标体系要能够全面、客观、公正地反映配送中心运营的实际情况，通过科学的测评方法，能够获得真实的评价结果。

（3）系统性原则

绩效评价指标体系设计应将配送中心的各个业务环节联系在一起去考虑，各项指标之间要相互协调，不能相互矛盾。

（4）可行性原则

绩效评价指标体系要简单易行，便于操作人员掌握和使用。也就是说，指标的设计要充分考虑统计资料的可得性，并且要考虑指标设计的相对稳定性和可比性，保证统计资料的连续性。

实例

Lotsafood 公司的订单处理

Lotsafood 公司成立于 1986 年，向美国东部几个州的批发商供应罐装蔬菜、水果、调味品以及其他特殊商品等多达 100 种的货物。该公司建立了一套改进对批发商服务的质量以及提高公司销售人员效率的方案，这一方案的目标是把销售人员从接收订单中解放出来，按预订计划接收批发商的订单。公司的销售人员不再处理客户订单，以前，销售人员将订单积累起来，一直积累到较大数量时才发往总部。按照新方案，批发商可按定好的计划，直接用电子邮件向公司总部发订单，如果错过定好的日期，批发商只能等待下一次机会。这一方案旨在增加销售人员所能联系的客户的数量。通过取消准备订单的需要，公司希望销售人员把更多的时间花在销售模式和促销的努力上。

但是，新方案在实施当中，许多批发商没能按预定计划行事，他们对别人何时要他们发订单这一点并不习惯，一些批发商对这一缺乏灵活性的严密管理持反对态度。而另一些批发商一直依赖销售人员来决定他们需要什么订货，觉得新的体系反而使问题更加复杂化。

如果订单未按计划到达公司总部，批发商不得不等待两个星期。出现货物脱销时，受影响的批发商会失去销售 Lotsafood 公司 20%—50% 产品的机会，但只有 Lotsafood 公司从中受害，因为批发商和零售商手中有好几个供货来源，当他们脱销了这个公司的产品时，他们就转而销售其他牌子的产品。

Lotsafood 公司没有设专门的运输部门，过去，公司 3 个销售人员安排运输事宜。当订单积累到 30000 磅（大约一满卡车的量）时，他们就将订单发往公司总部以便运输。为某个紧急的批发商快运时，一地的销售人员会将另一地销售人员手中的订单拼凑起来。新的做法意味着公司总部将依照固定的计划运输，即使订单总量不足 30000 磅，也会为批发商安排运输。

四、配送绩效评价的方法

绩效考核的方法有很多，有主观评价法（包括简单排序、交错排序、成对比较和强制分布)、客观评价法（等级鉴定法、行为锚定法和行为观察法），还有现在比较推崇的集成化的绩效评价方法、平衡计分卡评价法、作业成本评价法、目标管理评价法、关键绩效指标评价法等。下面重点介绍集成化的绩效评价方法、平衡计分卡评价法和作业成本评价法。

1. 集成化的绩效评价方法

什么是集成，不同的学科领域、不同的学者对其有不同的理解。“集成”一词，按照一般意义理解，就是聚集、综合之意。集成（Integration）作为一个普通词语，主要含义是综合、整合、一体化等。集成化的绩效评价方法正是在集成理论发展的基础上提出来的，它不同于传统的绩效评价方法。

集成化的绩效评价方法就是以系统思想为指导，利用不同绩效评价方法之间的联系，将不同的绩效评价方法进行集成，以完善企业绩效评价方法体系，使企业可以从该集成中获得最大收益。

2. 平衡计分卡评价法

平衡计分卡（Balanced Score Card）是由美国哈佛大学的罗伯特·卡普兰（Robert Kaplan）和戴维·诺顿（David Norton）（1992 年）首先提出的。它是一种以信息为基础、系统考虑企业绩效驱动因素、多维度平衡评价的战略绩效评价系统。同时，它又是一种将企业战略目标和企业绩效驱动因素相结合、动态实施企业战略的战略管理系统。

它以企业的战略与远景为核心，从财务、客户、内部业务流程、学习与成长四个各有侧重又相互影响的方面入手，如图 7-2 所示。平衡计分卡评价法的目的是：分析哪些是完成企业使命的关键因素以及评价这些关键因素的项目，根据企业生命

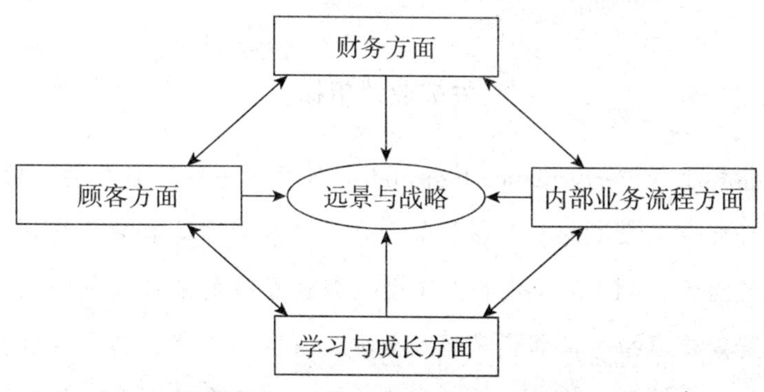

图 7-2　平衡计分卡的基本框架

周期不同阶段的实际情况和采取的战略，为每一方面设计适当的评价指标，赋予不同的权重，并不断检查审核这一过程，形成一套完整的绩效评价指标体系，来沟通目标、战略和企业经营活动的关系，实现财务指标与非财务指标、短期目标和长期目标、局部利益与整体利益、内部衡量与外部衡量之间的平衡，以促使企业完成目标。

3. 作业成本评价法

作业成本评价法最早是由哈佛大学的罗宾·库珀（Robin Cooper）和罗伯特·卡普兰（Robert Kaplan）（1988年）提出的。最初是作为一种用来更精确地计算成本的方法（将间接成本和辅助资源更准确地分配到作业、生产过程、产品、服务及顾客中的一种成本计算方法）出现的。

后来，随着经济的发展及作业成本计算法的广泛应用，其中所蕴含的思想被逐渐运用到成本管理中，成为一种管理理念，即作业成本管理（Activity Based Management，ABM）——管理者利用作业信息采取行动进行管理。作业成本评价法的指导思想是“产品消耗作业，作业消耗资源”，它改进了传统成本分配方法采用仅以数量作为分配基础的弱点，根据资源消耗与成本对象之间的因果关系进行分配，从而得到更加精确的产品成本。

作业成本评价法更深远的意义还在于，它使企业能着眼于内部的作业，发现具有附加价值的作业和无附加价值的作业以及发生在每个客户、每种产品身上的成本，从而为成本管理提供广阔的空间。

知识链接

关键业绩指标

关键业绩指标 Key Performance Indication，KPI 是一种可量化的、被事先认可的、用来反映组织目标实现程度的重要指标体系，是绩效管理的有效手段，也是推动公司价值创造的驱动因素。KPI 是现代企业中受到普遍重视的业绩考评方法，最常见的指标有三种：一是效益类指标，如资产盈利效率、盈利水平等；二是营运类指标，如部门管理费用控制、市场份额等；三是组织类指标，如满意度水平、服务效率等。

知识链接

平衡计分卡

平衡计分卡 Balanced Score Card，BSC 是一套从四个方面（财务、顾客、企业内部流程、人员的培养和开发）对企业战略管理的绩效进行综合评价的方法，实现绩效考核—绩效改进以及战略实施—战略修正的战略目标过程，把绩效考核的地位上升到企业的战略层面，使之成为企业战略的实施工具。能够实现财务与非财务的衡量之间、短期与长期的目标之间、落后的与领先的指标之间以及外部与内部绩效之间的平衡。能反映企业的综合经营状况，使业绩评价趋于平衡和完善，利于企业长期发展。被誉为近 75 年来世界上最重要的管理工具和方法。

五、配送绩效评价的实施步骤

要有效地推进对配送的绩效评价，一般应采取以下实施步骤。

（1）建立机构

确定评价工作实施机构是开展绩效评价的前提。在组建评价机构时，组织成员必须熟悉配送中心的绩效评价业务，具有丰富的物流管理、财务管理、相关法规法律等方面的专业知识，拥有物流领域的高级技术职称，并能坚持原则，秉公办事。

（2）确立方案

评价工作实施机构根据有关要求和规定，认真制订配送中心绩效评价方案，并按程序报有关领导审批。

（3）收集资料

根据评价工作的要求及评分的需要，评价工作实施机构成员要广泛收集、核实及整理基础资料和数据。

（4）评价计分

运用计算机软件计算评价指标的实际分数，形成相关表格，这是配送中心绩效评价的关键。

（5）得出结论

将绩效基本评价得分与物流产业中同行业及同规模的最高分数进行比较，然后通过分析判断，形成综合评价结论。

（6）形成报告

得出评价结论后，评价工作实施机构要将评价过程、评价结论、评价分析及相关附件等汇合成评价报告，评价项目主持人要亲自签字，以示负责。

（7）总结落实

评价完成后，配送中心要对评价意见认真研究，优点应该发扬，不足应该摒弃，使绩效评价环节真正变成组织管理的重要组成部分。

六、配送作业绩效评价指标体系

建立明确的切实可行的指标体系是做好绩效管理工作的关键，也是一项系统工程。根据评价目的、范围、对象、方式不同，需要综合考虑的影响因素也不同，从而构建的指标体系差别也较大。目前常见的配送绩效评价指标体系一般从成果（服务）、成本、效率、质量和风险等几方面进行评价。下面从常用的内外部评价与配送各作业环节的评价展开阐述。

1. 配送绩效内部评价指标体系

配送绩效内部评价指标体系如表 7-8 所示.

表 7-8　配送绩效内部评价指标体系

配送成本	顾客服务	生产率	资产管理	质量
采购费用 仓储费用 订单处理费用 分拣费用 配送加工费用 配装费用 配送运输费用 行政管理费用 劳动力成本 配送总成本 单位成本 实绩与预算的比较 成本趋势分析 商品的直接利润率	缺货率 订单满足率 订单处理正确率 订单按时完成率 信息传递准确率 客户投诉处理及时率 客户满意度 货物准时送达率 配送延迟率 订单延迟率 紧急订单响应率 完好交货率 货损率 货差率	每人每小时处理进/出货量 每台进/出货设备每天的装卸货量 人均每小时拣货品项数（或拣货量） 人均配送量 平均每车次配送吨公里数 每车平均装载率	净资产收益率 投资回报率 库存周转率 过时存货率 运行周转率 平均库存金额 仓库利用率 设备利用率	准时配送率 货损货差率 货损货差金额 顾客退货数 退货费用 事故频率 安全间隔里程车船完好率

2. 配送绩效外部评价指标体系

外部绩效评价是从外部顾客、其他优秀企业的角度对本企业的配送系统进行绩效评价。包括两部分内容。

一是从顾客的角度，即由顾客进行评价，通过问卷调查、顾客座谈会等与顾客的直接交流来获取有关评价信息，可通过库存可得性、订货完成时间、提供的信息程度、问题解决的情况等指标进行评价。

二是确定基准与其他优秀的配送中心进行比较。现在越来越多的配送中心应用基准，将它作为与相关行业中的竞争对手或顶尖的企业相比较的一种技术。而且，一些配送中心在重要的战略决策中将定基作为配送运作的工具。定基的领域有资产管理、成本、顾客服务、生产率、质量、战略、技术、运输、仓储、订货处理等方面。

3. 配送作业绩效评价

取得良好的经济效益的首要前提就是要实现对配送各作业的有效控制。配送作业绩效评价指标体系如表7-9所示。

表7-9　配送作业绩效评价指标体系

作业环节	指标分类	具体绩效评价指标
进出货作业	空间利用率	站台使用率＝进出货车次装卸货停留总时间/站台泊位数×工作天数×每天工作时数 站台高峰率＝高峰车数/站台泊位数
	人员负担和时间耗用	每人每小时处理进货量＝进货量/进货人员数×每日进货时间×工作天数 每人每小时处理出货量＝出货量/出货人员数×每日出货时间×工作天数 进货时间率＝每日进货时间/每日工作时数 出货时间率＝每日出货时间/每日工作时数
	设备移动率	每台进出货设备每天的装卸货量＝（出货量＋进货量）/装卸设备数×工作天数 每小时的装卸货量＝（出货量＋进货量）/装卸设备数×工作天数×每日进出货时数
储存作业	设施空间利用率	储区面积率＝储区面积/配送中心建筑面积 可使用保管面积率＝可保管面积/储区面积 储位容积使用率＝存货总体积/储位总容积 单位面积保管量＝平均库存量/可保管面积 平均每品项所占储位数＝料架储位数/总品项数
	库存周转率	库存周转率＝出货量/平均库存量 库存周转率＝营业额/平均库存金额 库存管理费率＝库存管理费用/平均库存量 呆废料率＝呆废料量/平均库存量或呆废料率＝呆废料金额/平均库存金额

续表 7-9

作业环节	指标分类	具体绩效评价指标
盘点作业		盘点数量误差率＝盘点误差量/盘点总量 盘点品项误差率＝盘点误差品项数/盘点总品项数 平均盘差品金额＝盘点误差金额/盘点误差量
采购作业	采购成本	出货品成本占营业额的比率＝出货品采购成本/营业额
	采购质量	进货数量误差率＝进货误差量/进货量 进货次品率＝进货次品量/进货量 进货延误率＝进货延误量/进货量
其他	单位面积效益	配送中心单位面积效益＝营业额/建筑总面积
	工作人员情况	人均生产量＝出货量/配送中心总人数 人均生产率＝营业额/配送中心总人数 直间接工比率＝作业人数/（配送中心总人数－作业人数） 加班率＝员工共加班时数/（每天工作时数×工作天数×配送中心总人数） 新员工的比例＝新员工数/配送中心总人数 临时员工的比例＝临时员工数/配送中心总人数 离职率＝离职员工数/配送中心总人数
	设备投资情况	设备投资效益＝营业额/固定资产总额 人均装备率＝固定资产总额/配送中心总人数
	营业情况	产出投入平衡＝出货量/进货量
		每天营业额＝营业额/工作天数
		营业支出占营业额的比例＝营业支出/营业额

知识链接

物流绩效倍增系统（PAC）

物流绩效倍增系统是一个对企业现有物流条件进行一系列的改善，达到提升物流绩效的方法体系。核心点主要有三个：绩效、分析与检查、管理。其评价程序如下：

（1）收集日常配送工作中的各项数据资料，确定各项作业耗费的生产工时；

（2）分析各配送工作岗位的绩效损失原因；

（3）根据科学的方法来确定每个配送工作岗位的标准工时；

（4）测算配送绩效的损失状况；

（5）消除配送绩效损失。

两个配送中心实施PAC的数据比较：甲企业是一家玩具生产厂家，其配送中心中员工有100名。引入PAC系统之前，员工的作业效率约为65%。引入PAC系统之后的第13个月，效率提升为188%；在第25个月，提升为132%；实施大约两年后，效率就提升了2倍。乙企业是一家用电器的生产厂家，其配送中心中员工有120名。引入PAC系统之前，员工的作业效率大致为61%；实施大约两年后，提升到了110%，大约为原来的1.8倍。

配送成本分析和绩效评价

1. 实训情景

选取3家物流企业，对该企业进行配送成本分析，并进行绩效评价。

2. 实训目标

进行成本控制作业，掌握绩效评价的方法：

（1）核算物流企业成本及配送成本；

（2）设定价值目标；

（3）对不同的物流企业进行评价，并形成价值判断。

3. 实训准备

（1）模拟实训室一间，能容纳50个人，多媒体投影仪1台，屏幕1个，白板1个。

（2）对学生进行分组，每组6人。

（3）学生在实训老师的指导下，选择任务情景，按照步骤完成实训，教师可根据需要给出相应的数据和人员信息。

4. 工作步骤

（1）拟定3家企业，设定这3几家企业的财务状况；或者找实际的3家物流企业，尽可能地得到其相关的财务数据；核算物流成本和配送成本，并设定目标；

（2）建立评价的参照系统，确定评价主体、评价指标、评价标准和评价方法；

(3) 针对以上的一些标准，对拟定的3家物流企业在各指标内打分；

(4) 计算分值，找出与目标值最接近的物流企业。

5. 实训评价

学生根据物流成本控制实训，记录实训中出现的问题和未能完成实训的影响因素，归纳出物流成本控制和绩效评价需要注意的事项。

教师对各组训练完成情况进行点评。如表7-10所示。

表7-10 配送成本分析和绩效评价

考评人		被考评人	
考评地点			
考评内容	配送成本分析和绩效评价		
考评标准	具体内容	分值	实际得分
	在规定时间内完成操作	10	
	指标设计	10	
	团队合作	25	
	实训完成情况	55	
合　计		100	

注：考评满分为100分，60～74分为及格，75～84分为良好，85分及以上为优秀。

复习思考

一、判断题

1. 配送中心提供无限的物流服务将把配送成本提高到更大，只考虑成本又会降低服务水平，二者均会影响配送企业的利益。　（　）

2. 配送中心独立成为利润中心之后，物流成本考核将不能直接地与产品事业部或销售部门挂钩，考核产品事业部或销售部门所发生的物流成本。　（　）

3. 作为一个利润中心，配送中心的绩效考核主要是在一定的物流费用率下的物流销售收益和客户服务水平的考核。　（　）

4. 缺货率是指用户在一段时期内多次订货中缺货的次数，缺货频率越高，说明配送系统对用户的生产经营或生的活影响越频繁，给用户造成的损失越大。　（　）

5. 库存周转率数值越低，则反映产品销售情况越好，库存占压资金越少。（　　）

二、选择题

1. 企业岗位绩效指标从根本上应服务于（　　）。

A. 员工利益　　B. 主管利益

C. 客户利益　　D. 企业战略

2. 送货准确率属于（　　）方面的指标。

A. 配送作业效率　　B. 配送作业安全

C. 客户服务效果　　D. 配送作业质量

3. 送货作业绩效评价指标不包括（　　）。

A. 空驶率　　B. 外车比例

C. 每公里送货成本　　D. 缺货率

4. 以下对于关键绩效指标（KPI）的叙述，不正确的是（　　）。

A. 应当符合“二八原理”　　B. 是目标式量化管理指标

C. 能抓住业绩评价的重心　　D. 评价全面

5. 关于绩效评价，叙述正确的是（　　）。

A. 是按一定评价程序进行的定性分析　　B. 仅针对员工的工作业绩进行评价

C. 企业绩效评价工作的周期是一年　　D. 能调动各部门与人员的积极性

6. 配送作业评价指标体系一般可包括配送作业质量、作业成本和（　　）等方面。

A. 作业效率　　B. 作业安全

C. 客户服务效果　　D. 单证正确率

三、简答题

1. 简述配送成本的含义。

2. 如何理解配送成本与服务之间的二律背反？

3. 简述配送绩效评价的概念。

4. 简述配送作业绩效评价指标体系。

课外拓展

课外阅读指南：客户管理相关书籍，配送管理相关书籍，办公自动化相关书籍。

学习素材准备：沈文天主编，《配送作业管理》，高等教育出版社，2012年4月出版；

钱廷仙主编，《现代物流管理》，高等教育出版社，2009年3月出版；

朱华主编，《配送中心管理与运作》，高等教育出版社，2009年3月出版。

网络学习指南：http：//www.chinawuliu.com.cn/zixun/class_10.shtml/中国物流与采购网/资讯中心/仓储配送；

http：//www.chinawuliu.com.cn/xsyj/class_67.shtml /中国物流与采购网/学术研究/论文荟萃/配送与连锁；

http：//bbs.chinawutong.com/中国物流论坛；

http：//www.peisong.biz/ 中国配送网；

http：//www.totallogistics.com.cn/天津全程物流配送有限公司。

总结提高

订单管理总结提高表如表7-11所示。

表 7-11　订单管理总结提高表

项目七　配送成本控制和绩效评价		
问　题	总　结	提高（建议）
你学习本模块最大的收获是什么？		
你认为本模块最有价值的内容是什么？		
哪些内容（问题）你需要进一步了解或得到帮助？		
为使你的学习更有效，你对本模块的教学有何建议？		
学生签字： 年　　月　　日		